라 보에시의 복종의 기억

일러두기

· 이 책은 에티엔느 드 라 보에시의 《Discours De La Servitude Volontaire》를 우리말로 옮긴 것이다.
· 이 책은 내용의 흐름에 맞게 본문을 새롭게 구성했으며 본문 제목 역시 출판사에서 추가했다.
· 본문 중 강조 및 구별해야 할 것은 홑따옴표(' ')를, 대화 또는 인용은 겹따옴표(" ")를 사용했으며, 작품 제목은 홑꺾쇠(〈 〉)를 사용했다.
· 외래어 표기는 국립국어연구원에서 규정한 외래어표기법을 기준으로 삼았으며, 필요에 따라 널리 알려진 용어를 그대로 사용하기도 했다.

라보에시의 복종의 기억

한 책의 운명은 저자보다 더 위대하다

모든 독재는 복종에서 비롯한다

라
보 에 시 의
복 종 의
기 억

1쇄 발행 2023년 3월 2일

지은이 에티엔느 드 라 보에시
옮긴이 김혜영
펴낸이 이근미
펴낸곳 이다북스
기획 조일동

출판등록 제312-2013-000012호
주소 경기도 파주시 탄현면 헤이리마을길 93-144
전화 031-944-0554
팩스 031-944-0552
이메일 design_eda@naver.com
홈페이지 edabooks.co.kr
페이스북 edabooks
인스타그램 @edabooks

물류 신영북스
인쇄 재원프린팅
종이 영은페이퍼

ISBN 979-11-981973-4-4 03300

이다북스는 나무에게 미안하지 않게 책을 만들겠습니다

들어가는 글

'사람들은 왜 복종하는가?'

이 질문에 답을 찾기 위해 시도했던 저서는 수없이 많다. 하지만 1576년에 출간된 에티엔느 드 라 보에시의 《복종의 기억》(원제 Discours De La Servitude Volontaire)은 이 질문에 정치철학적 기준을 마련해준 책이라고 할 수 있다.

자유와 정치적 억압에 대한 성찰을 간결하고 명쾌하게 담은 책을 썼을 때 그의 나이는 18세였다. 이 책이 쓰인 시기는 16세기로, 전제군주가 폭정을 일삼는 때였다. 법학도였던 그는 어떻게 단 한 명의 독재자에게 너무도 쉽게 복종하는 수많은 사람의 모습에 놀라지 않을 수 없었다. 특히 그의 대단히 많이 드끼나는 것은 거려요 사용치는 게게군주보다 오히려 스스로 그 독재자에게 쉽사리 사로잡힌 국민을 비판했다는 점이다.

"국민과 독재자의 관계가 끊어지지 않은 것은 국민이 복종하기를 거부하지 않기 때문이다. 복종하게 된 것도, 자신의 목을 자른 것도 국민이 한 일이다. 노예가 되는 것과 자유롭게 사는 것 중에서 선택할 수 있는데도 자유를 뿌리치고 구속되기를 자청한 것은 다름 아닌 국민 자신이다."

"독재자의 권력은 사람들이 쥐여 줄 때만 가질 수 있다."

그렇다면 국민이 불행한 것은 국민 자신의 책임일까? 쾌락을 충족하기 위해 자유를 박탈당하는 데 익숙해졌다고 말하는 편이 나을지 모르겠다. 그런데 라 보에시는 이런 보수주의적 분석에만 머물러 있지 않았다. 그는 인간은 본래 자유로우며 계속 그럴 수 있다는 사실을 기억하라고 종용한다.

"누가 우리 모두 원래부터 자유롭다는 사실을 의심하는가? 우리는 모두 평등하다. 도대체 누가 몇몇을 노예로 삼아도 된다고 생각한단 말인가? 자연은 절대로 동의하지 않을 것이다."

어떻게 다시 자유로워질 수 있을까? 독재자에 대한 지지를 거두어들이고, 그를 위해 행동하지 말아야 한다.

이 책은 고대 시대의 사례들을 다루며 당시 군주제를 직접적으로 비판하는 것을 조심하지만, 지배 관계, 국민에 대한 강제력, 그리고 복종의 수용을 계속 질문하면서 절대권력을 향한 비난을 망설이지 않는다. 절대권력을 향해 단호하게 폐기 통보를 날린 이 책은 19세기의 위대한 프랑스 정치학자 토크빌이 또 다른 모순, 즉 민주주의가 보여준 '부드러운 폭정'의 모순을 경고했던 것보다 3세기나 앞서 자유주의 정권의 지배구조를 생각하게 해준다.

시대를 거치면서 자유의 선언문이 된 책

라 보에시의 삶은 알려진 것이 별로 없다. 법학사 학위를 받은 법률가이자 철학자이며, 고전을 번역하고 시를 썼고, 우리가 익히 알고 있는 철학자 몽테뉴와 매우 절친한 사이였다는 정도가 전부다. 그는 1530년에 태어나 1563년 33세의 이른 나이에 전염성 복통으로 요절했다.

어릴 때 아버지를 여의었으나 법관 집안의 전통을 이어받은 그가 오를레앙대학교에 입학한 18세 무렵에 귀엔 지역에서 폭동이 일어났다. 그는 이 폭동이 절대권력이라는 힘에 의해 무자비하게 진압되는 것을 목격하며 절대권력의 정당성에 의문을 품었다. 특히 이런 현실에 강요로 복종하는 것이 아니라 자발적으로 복종하는 이들을 고민했다. 이런 의문과 고민은 곧바로 이 책의 집필로 이어졌다.

그의 원고는 그가 세상을 떠나면서 친구 몽테뉴에게 유언처럼 건네졌기 때문에 그의 생전에는 펴낼 수 없었다. 몽테뉴는 그를 '영혼의 형제'라고 불렀지만, 군주제의 폭정에 맞서 선동을 촉구하는 파격적이면서도 혁명적인 내용 때문에 세상에 내놓을 수 없었다.

이후 1574년에 부분적으로 라틴어로 출판되었고, 1576년에 전체가 프랑스어로 세상에 빛을 보았으므로 당연히 저자 본인이 이 글의 내용이나 의도를 설명하거나 덧붙일 수 없었다. 그래서였을까? 이 책은 여러 시대를 통과하면서 당시의 필요에 따라 단편적인 부분과 의미가 책 전체를 대표하기도 했다. 16세기 후반 신교도들이 군주제의 폭정에 저항하기 위해 그들의 명분을 지지하는 데 힘을 실었고, 현대에 와서는 시민불복종 운동, 마르크스주의 운동과 아나키즘 운동의 맥락에서 이해되기도 했다.

그의 깊은 고민과 폭넓은 사유가 혁명과 선동을 위한 책으로만 회자되면서 너무 한정적으로 편협한 시선에 갇히는 결과를 낳았다. 그가 이 책을 집필했던 의도를 '복종'에만 몰입한 결과일 것이다. 하지만 그가 처음부터 끝까지 유지하며 무게를 담은 주장은 '자발적(volontaire)'이라는 말에 담겨 있다. 왜 인간은 '자발적으로' 자유를 포기하고 복종하려 하는가? 인간은 왜 스스로 자유를 버리는가? 이것이 그가 깊이 파고든 질문이다.

그에 따르면 우리의 영혼에는 이성의 싹이 있다. 이 싹을 잘 돌볼 때 우리 안에 미덕이 열린다. 자연은 우리를 평등하게 태어나게 했고, 이 평등을 기초로 자유를 만끽하게 했다. 또한 목소리와 말을 선물로 줌으로써 우리가 서로의 생각을 나누고 소통하면서 이념과 의지의 공동체를 이루어 나갈 수 있게 했다. 그러므로 자유로운 삶은 이성이라는 싹이 자라서 미덕이라는 열매를 맺어야 얻을 수 있다. 그렇다면 우리는 왜 이 이성을 잃어버렸을까? 왜 비이성적인 삶을 살까?

우리는 자유로우며 자유로워지고자 한다

자유는 인간이 태어날 때부터 가진 권리, 즉 천부권이다. 자연스럽게 주어졌으며, 이 자유를 지켜내려는 의지 역시 함께 주어졌다. 인간은 본래 자유로운 존재다. 라 보에시가 이 책에서 경고하는 것은 우리가 이 권리를 소유하고 있다는 사실을 잊어버렸다는 사실이다.

악덕은 이 망각의 순간을 기가 막히게 알아채며 비집고 들어온다. 이성의 싹을 짓밟고 씨앗을 으깨 보존조차 하지 못하게 한다. 비이성적인 인간은 쾌락만 좇는다. 자유를 갈망하지 않고, 그 자유를 오히려 멸시한다. 애초에 너무 편하게 손에 쥐어졌던 것이기에 굳이 나서서 쟁취하려는 생각조차 하지 못한다. 인간은 기억이 상실된 상태에 길들여져 깨어날 수 없다. 눈이 멀고, 귀가 막히고, 입에 재갈이 물린다. 결국 인간은 자신이 눈이 멀었고, 귀가 막혔고, 입을 다물었는지조차 잊어버린다. 이 망각이 인간에게서 이성을 빼앗은 것이다. 이미 이성을 잃어버린 인간은 구속이나 속박이 원래 자기 모습인 것처럼 생각하고 살아간다.

"이 끔찍한 악행은 뭐라고 불러야 할까? 무수한 사람들이 재산뿐 아니 ㄹ ㅂ ᅵ ᅵ ᅵ ， ᅵ ᅵ ᅵ ， ᅵ ᄀ ᅦ ᄊ ᄉ ᅵ ᄉ ᄋ ᅧ ᄉ ᅵ ᅵ ᆻ ᄊ ᅡ ᅦ ᄀ ᄼ ᅵ ᅦ ᅦ ᄇ ᆬ ᄉ ᅡ 고 굽실대고 있다. 심지어 그들은 다스림을 받는 것이 아니라 탄압을 받고 있는데 이를 지켜보기만 한다면 부끄럽지 않은가?"

잊지 말아야 한다. 우리는 자유뿐만 아니라 자유를 지켜내려는 의지도 가진 존재다. 라 보에시가 재촉하는 것처럼 우리는 배워야 한다. 자유를 지켜내려면 어떻게 행동해야 하는지 제대로 배우고 실천하고 깨어 있어야 한다. 그의 글은 16세기에 쓰였지만, 정치적 권력을 향한 복종과 폭군에게 굴복하는 사람들에 대한 현대적 보고서라고 해도 과언이 아니다. 이 책은 지나간 시대의 유물이 아니라 우리 사회에 남아 있는 독재와 구속에 대한 저항이자 자유와 이성에 대한 각성제로서 우리를 일깨워준다.

"인간은 자기가 가져본 적 없는 것에 대해서는 절대로 아쉬워하지 않는다. 슬픔이란 기쁨 뒤에 따라오는 법이며, 예전에 경험한 기쁨을 통해 슬픔을 제대로 인식할 수 있다. 인간의 본성은 원래 자유로우며 또 자유로워지고자 한다."

들어가는 글

복종에 순응하는 삶

•
•

　"여러 명의 통치자를 섬기는 것은 옳지 않습니다. 통치자는 한 명이어야 합니다."

　고대 그리스의 시인 호메로스가 전하는 이야기에 따르면 ⸮⸮⸮⸮⸮ ⸮⸮⸮⸮ ⸮⸮⸮⸮⸮ ⸮⸮⸮⸮ ⸮⸮⸮⸮ ⸮⸮⸮⸮⸮ ⸮⸮ 이렇게 말했다고 한다.

　그는 "여러 명의 통치자를 섬기는 것은 옳지 않습니다."라고만 말하는 편이 나았다. 누군가가 권력을 쥐면 통치자라는 직함을 손에 넣는 순간부터 냉혹해져서 차마 눈 뜨고 볼 수 없는 지경에 이른다는 뜻을 고심에 고심을 거듭해서 전달한 것이 분명하다. 그런데 "통치자는 한 명이어야 합니다."라고까지 덧붙였다.

　물론 율리시스로서는 군대의 분란을 잠재우기 위해 이렇게 말할 수밖에 없었을 테니 이해해줄 여지는 있다. 그는 진실을 말하려 했다기보다 상황에 적합한 말을 하려던 것으로 보인다. 하지만 솔직히 말해 아무리 선한 사람이라도 단 한 명의 통치자에게 구속되는 것보다 불행한 일이 또 있을까? 심지어 통치자가 계속 선함을 유지하리라는 보장도 없다. 그는 원한다면 언제든 위험한 인물이 될 수 있다. 통치자가 여럿이라면 그 수가 늘어나는 만큼 불행해진다.

여기에서 그동안 수없이 격론을 일으켜 온, 공화제가 군주제보다 좋은 정치 체제인지는 논의하지 않겠다. 국가를 다스리는 방식은 다양하므로 이 논의를 하려면 군주제가 다른 체제들과 어깨를 나란히 할 수 있는지부터 따져야 한다. 그리고 군주제가 그중 어디에 자리할지 연구해보고 이 문제에 답해야 한다. 애초에 모든 것이 단 한 사람에게 귀속되는 정부 체제와 다른 국가 통치 방식들에 공통점이 있는지 의심스럽다. 이 문제는 온갖 정치적 논란을 불러일으킬 것이므로 별도로 다뤄야 한다.

지금은 그 많은 사람과 도시 그리고 국가들이 어떻게 독재자 한 명을 지지하는 일이 일어날 수 있는지만 생각해봤으면 한다. 독재자가 가진 것이라곤 사람들이 그에게 부여한 권력뿐이다. 독재자는 사람들이 그를 견뎌내는 만큼 그들을 해칠 수도 있다.

사람들이 그가 저지르는 악행을 더는 참지 않겠다고 한다면 그는 그들에게 그 어떤 고통도 주지 못할 것이다. 그런데도 쉽사리 독재자에게 굴복하는 사람이 이토록 많다니, 정말 놀라울 따름이다. 사실 너무 흔하게 일어나는 일이라서 놀랍다기보다 울먹일 수밖에 없다. 수백만 명이 구차스럽게 굴복당하고, 머리를 조아리고, 멍에에 매여 비통하게 살아간다. 그들은 불가항력적인 힘에 묶인 것이 아니다. 그들은 한 사람의 이름에 사로잡힌 것이다. 독재자는 폭군이기 때문에 두려워할 필요도 없고, 그들 모두에게 비인간적이고 잔인했으므로 사랑해서도 안 된다.

그런데도 이런 일이 일어나는 것은 나약함 때문일 것이다. 복종을 강요당한 사람들은 어쩔 수 없이 기다리기만 한다. 그들은 이미 분열되어 있어서 한데 뭉쳐 강력한 힘을 모을 수가 없다. 예를 들어 독재자 삼십 명에게 지배받은 도시 아테네처럼 어떤 나라가 군대의 무력에 지배당하다가 단 한 사람의 권력에 속박되었다고 해보자. 이런 상황에서 독재자를 모시게 되었다는 사실에 놀랄 필요는 없다. 나라가 한 사람에게 속박

되었다는 사실에 한탄하겠지만, 경악하거나 개탄하기보다 현실을 받아들이고 이 불행을 버텨내야 하며 곧 더 좋은 미래가 찾아오리라 믿고 기다려야 한다.

우정이라는 공동의 의무는 우리 삶의 대부분을 차지하며, 우리는 이 공동의 의무가 삶의 상당 부분을 차지하도록 교육받았다. 덕을 사랑하고, 아름다운 행동을 좋게 평가하며, 얻은 이익에 감사해야 한다고 생각한다. 심지어 우리가 마땅히 사랑해야 한다고 여기고 아끼는 사람들의 명예와 특권을 증대시키기 위해 종종 자신의 행복을 일부 희생하곤 하며, 이는 매우 자연스러운 일이다.

이처럼 한 나라의 거주자들이 집단 안에서 그들을 보호할 수 있는 훌륭한 선견지명과 대담함, 그리고 그들을 다스릴 수 있는 용의주도함을 반복적으로 증명한 희귀한 이들 중 한 명을 찾아낸다면 어떨까? 그들 자신도 모르는 사이에 그에게 복종하는 데 익숙해졌다면, 심지어 그에게 그 어떤 패권도 다 내어 맡길 만큼 그를 신뢰한다면 그 누가 그를 몰아내려 하겠는가. 모든 것을 잘 해내는 그를 쫓아내는 것은 신중하지 못한 행동이다. 우리에게 선을 행한 그에게 호감을 느끼는 것,

그리고 그가 악행을 저지를지도 모른다는 두려움을 느끼지 못하는 것은 매우 자연스러운 일이며, 누구나 이해할 수 있는 일이리라.

위대한 신이시여! 그렇다면 도대체 이것은 무엇인가? 이 악, 이 끔찍한 악행은 뭐라고 불러야 할까? 무수한 사람들이 재산뿐 아니라 부모도, 자녀도, 그들의 삶조차 소유하지 못한 채 독재자에게 복종하고 굽실대고 있다. 심지어 그들은 다스림을 받는 것이 아니라 탄압을 받고 있는데 이를 지켜보기만 한다면 부끄럽지 않은가.

사람들은 군대도 아닌, 각자가 피를 대가로 삶을 지켜내야 할 야만인 무리도 아닌, 헤라클레스나 삼손도 아닌, 단 한 사람의 강탈과 갈취, 가혹 행위를 감내한다. 그는 대체로 그 나라에서 가장 비겁하고 비루하며 유약한 보잘것없는 인간이다. 그는 전쟁의 화약 냄새를 전혀 알아채지 못하며 결투장의 모래도 밟아 보았는지 의심스러운 자다. 남자들에게는 지시를 내리지도 못하며, 아주 가냘픈 여자도 만족하게 할 힘이 없는 인간이다. 우리는 이것을 비열함이라고 불러야 할까? 이런 억압에 굴복하고 만 사람들을 비천한 겁쟁이라고 불러야 할까?

두 명, 세 명 혹은 네 명이 한 명에게 굴복한다면 이상하기는 하지만 그럴 수 있다고 이해할 수 있을 것이다. 어쩌면 용기가 부족해서 그렇다고 말할 수도 있을 것이다. 하지만 백명, 천 명이 단 한 명의 탄압을 그대로 당해도 비겁해서라고 말할 수 있을까? 정말 용기가 없어서 감히 그를 공격하지 못하는 것일까? 경멸하듯 관심을 기울이지 않는 것이 부끄러운 일 아닐까? 게다가 백 명, 천 명이 아니라 백 개의 나라, 천개의 도시, 백만 명이 그들을 함부로 농노와 노예처럼 대하는 단 한 명에게 달려들거나 굴복시키지 않는다면 우리는 이를 뭐라고 해야 할까? 비굴함인가?

모든 악덕에는 넘어설 수 없는 경계가 있다. 두 명 혹은 열명이 한 명을 무서워할 수는 있다. 그런데 천 개의 도시, 백만 개나 수천 개의 도시가 단 한 명에게 달려들지 않다니? 이것은 단지 비겁함이 아니다. 비겁한 것은 그런 경지에까지 다다를 수 없다. 혼자 요새에 침입해 들어가거나 군대를 공격하고 왕국을 정복하는 것을 용맹함이라고 하지 않는 것과 같은 이치다.

그렇다면 겁쟁이라는 말로는 부족하고, 자연이 인정하지

않으며, 언어가 이름 짓기를 거부하는 이것은 도대체 얼마나 극악무도한 악덕인가.

왜 자유를 의심하는가

양쪽 진영에서 무장한 군사 오만 명이 대치 중이라고 해보
자. 전투 대형으로 맞서던 그들이 마침내 치고받고 싸우기 시
작한다. 자유롭게 살던 사람들은 자유를 지키기 위해 싸우고,
〔…〕
쪽이 승리를 거두리라 생각하는가? 전쟁터로 더 용감하게 나
서는 쪽은 어디라고 생각하는가? 싸움의 대가로 자유가 유지
되는 쪽일까? 아니면 기대할 것이 타인의 복종뿐인 쪽일까?

한쪽은 그동안의 안락한 행복을 계속 누리려 한다. 전쟁으
로 겪는 상처와 아픔보다 이 전쟁에 패배했을 때 그들의 자녀
와 후손들이 대대로 감내해야 할 고통이 훨씬 크다고 생각한
다. 반면에 다른 한쪽은 단지 탐욕으로 전쟁에 뛰어들었다.
이 탐욕이 그들에게는 아주 작은 자극제가 되어준다. 그들의
기세는 너무나 빈약하다. 막상 전쟁터에서 다쳐 피를 한 방울

만 흘러도 금세 기운이 빠질지 모른다.

　유명한 고대 그리스 장군 밀티아데스의 마라톤전투와 테미스토클레스의 살라미스해전, 스파르타 왕 레오니다스의 테르모필레전투를 떠올려보자. 이 전투들은 이천 년이라는 시간이 흘렀지만, 책에서 계속 언급되는 것은 물론 사람들의 기억에도 생생하게 살아 있어서 최근 그리스에서 일어난 일처럼 여겨진다. 결과적으로 그리스에 유익했을 뿐만 아니라 전 세계가 표본으로 삼을 만한 사건이 되었다.

　이들 전투에서 그리스 군사의 규모는 적군을 이끄는 함장 수에도 미치지 못했다. 그렇게 수가 적은 군대의 군사력이 대단하면 얼마나 대단했겠는가. 그런 그리스 군대가 용기를 낼 수 있었던 이유는 무엇일까? 그들은 바다도 겨우 버틸 어마어마한 무게의 함대를 물리칠 만큼 기개가 높았고, 수많은 국가를 상대하며 승리를 거두었다. 그리스가 용기 있게 페르시아에 맞섰다는 사실보다 억압에서 벗어나 자유와 해방의 승리를 얻었기에 더 영광스럽다고 할 수 있을 것이다.

　자유는 자유를 수호하려는 용맹스러운 사람들의 마음속에 자리한다는 말이 있다. 이는 더없이 경이로운 말이 아닐 수 없다. 안타깝지만 매일 세상 곳곳에서는 단 한 명의 독재자가 십만 시민을 지배하고 자유를 빼앗는 일이 벌어지고 있다. 직접 목격할 일 없이 소문으로만 이런 소식을 듣는다면 그 누가 진짜 일어나는 일이라고 믿겠는가. 멀리 떨어진 나라에서 발생한 일이어서 전해 들을 수밖에 없다면 누군가가 재미로 지어낸 날조된 이야기라고 생각할지도 모른다.

독재자와는 싸울 필요가 없다. 저항할 필요도 없다. 국가가 복종하지 않겠다고만 하면 독재자라는 존재는 보장될 수가 없다. 독재자에게 무엇인가를 빼앗기는 것이 아니라 그에게 ▩▩▩▩▩▩▩▩▩▩▩▩▩▩▩▩▩▩▩▩▩▩▩▩▩▩▩▩ 을 추구할 필요가 없으며, 파멸로 몰고 가는 일만 하지 않으면 된다.

그렇게 생각하면 자유가 박탈되거나 박탈당하게 하는 것은 따로 있지 않다. 바로 국민이 그렇게 만들었다. 국민과 독재자의 관계가 끊어지지 않은 것은 국민이 복종하기를 거부하지 않기 때문이다. 복종하는 것도, 자신의 목을 자른 것도 국민이 한 일이다. 노예가 되는 것과 자유롭게 사는 것 중에서 선택할 수 있는데도 자유를 뿌리치고 구속되기를 자청한 것은 다름 아닌 국민 자신이다. 독재자가 악행을 저질러도 받아들이기만 하고 그의 뒤꽁무니를 따른 것은 국민이다. 국민이라면 천부권인 자유를 되찾으려는 의지를 반드시 지켜내야 한다. 자유는 짐승이 다시 사람이 되고 싶게 하기 때문이다.

 누군가 자유를 되찾기 위해 대가를 치러야 한다면 나는 절대로 그를 재촉하지 않을 것이다. 그에게 지나친 용기를 강요하지도 않을 것이다. 나는 그가 그런 용맹함을 갈망하는 것조차 원하지 않는다. 무엇이 삶을 더 편안하게 하느냐의 문제는 내가 확신할 수 있는 것이 아니다.

 하지만 내 생각이 무슨 상관이랴. 자유는 바라고 원한다고 누릴 수 있는 것이 아니다. 자유를 그렇게 쉽게 얻을 수 있다면 어떤 나라가 자유를 되찾겠다고 비싼 대가를 치르겠는가. 피를 흘리는 한이 있어도 자유를 찾아야겠다고 굳게 결심할 사람이 어디에 있겠는가. 자유가 없으면 삶은 고통일 뿐이니 차라리 죽는 편이 낫겠다고 외치면서 자유를 찾아 나설 사람이 어디에 있겠는가.

 불꽃은 당연히 더 커지고 강해지는 법이다. 장작으로 쓸 나무를 찾아 넣을수록 불은 점점 더 활활 타기 마련이다. 하지만 더는 태울 것이 없으면 스스로 꺼지고 만다. 독재자도 마찬가지다. 강탈을 거듭하면서 억압의 강도를 높여간다. 국민을 무너뜨리고 파괴할수록 독재자는 배가 부르고 그만큼 강해진다. 국민은 그를 튼튼하게 하는 맛있는 먹잇감이 된다. 강력해진 독재자는 모든 것을 끝장내고 부술 생각뿐이다.

국민이 독재자에게 아무것도 주지 않는다면 어떻게 될까? 독재자에게 굴복하지만 않는다면 그에게 달려들어 싸우지 않아도 된다. 결국 독재자는 국민을 이기지 못하고 맨몸 그대로 머물 수밖에 없다. 그는 뿌리로부터 영양분과 수분을 빨아들이지 못한 나무처럼 가지들이 바짝 말라 곧 죽을 뿐이다.

대담한 사람은 원하는 이익을 획득하기 위해 위험을 두려워하지 않는다. 부지런한 사람은 고통 속에 머무르지 않는다. 비겁한 자들과 둔한 자들만이 괴로움을 극복할 줄 모르고, 자신들이 갈망하는 소중한 것을 되찾을 줄도 모른다. 비굴한 자들에게는 원하는 것을 얻고 싶을 때 필요한 힘이 존재하지 않는다. 그들에게는 소유하고 싶은 자연적 욕망밖에 남아 있지 않다.

이 욕망은 타고난 의욕과 같다. 그래서 지혜로운 사람이나 정신이 나간 사람, 용기 있는 사람이나 겁이 많은 사람 모두

공통으로 가지고 있다. 이 욕망을 통해 소유한 것들로 행복하고 만족해진다. 그런데 사람들이 바라는 목록 중에서 늘 한 가지가 빠져 있다. 그것은 바로 자유다.

자유는 얼마나 위대하고 안락한 것인가. 자유를 잃으면 곧 모든 악행이 따라온다. 자유가 없어지면 속박 상태가 되어 행복을 누릴 수 없고 자유의 맛과 풍미도 전부 사라지고 만다. 사람들은 유독 이 자유만 멸시한다. 원하기만 하면 언제든 가질 수 있다고 생각하기 때문이다. 편하게 가질 수 있었으므로 굳이 나서서 쟁취해야 한다는 생각조차 하지 못한다.

신은 그렇게 창조하지 않았다

가련하고 비참하며 어리석은 국민이여! 고통에는 고집스럽게 달려들고 행복에는 눈을 감는 민족이여! 그대는 바로 눈앞에서 가장 아름답고 확실한 재산이 사라지게 내버려두었고, ░░░░░░░░░░░░░░░░░░░░░░░░░░░░░░░ 대의 집이 엉망이 되도록 방치했으며, 선조의 오래된 가구들이 약탈당해도 상관하지 않았다. 그런 식으로 살아가는 그대이기에 가진 거라곤 아무것도 없는 것이다.

이제부터 그대는 재산과 가족 그리고 생명을 절반만 남겨주어도 그것이 대단한 행복인 양 생각할 것이다. 이 모든 피해와 불행, 붕괴는 결코 적이 많아서 발생한 것이 아니다. 적은 단 한 명뿐이다. 이 모든 일이 닥친 것은 그대가 했던 일 때문이다. 그대가 그 한 명을 위해 그토록 용감하게 전쟁터로 나갔다. 죽음의 순간에도 헛된 일을 위해 기꺼이 위험을 무릅

썼다.

그대를 이렇게 만드는 이 주인이라는 자가 가진 것이라곤 두 눈과 두 손, 몸뚱이 하나뿐이다. 그도 그대와 똑같이 두 눈과 두 손과 몸뚱이 하나를 가진 인간일 뿐이다. 그가 그대보다 더 가진 것은 권력뿐으로, 그조차 그대가 그대 자신을 무너뜨리라고 자진해서 그에게 쥐여 주었다.

그는 무수히 많은 감시자에게 그대를 염탐하게 한다. 도대체 어디에서 그들을 끌어냈을까? 그대가 속한 집단이 아니면 어디에서 데려왔겠는가. 그대를 때리려고 뻗은 그 많은 손은 어떻게 그렇게 마음대로 휘두를 수 있겠는가. 그대가 빌려주지 않았다면 누가 내어주었는가. 도시를 짓밟고 다니는 발들도 그대가 아니면 누구의 것인가. 그자와 그대가 한통속이 아니었다면 어떻게 그가 그대에게 덤벼들 수 있는가. 그대가 그대의 것을 약탈한 장물아비가 아니라면, 그대를 죽인 살인자와 공범이 아니라면, 그대 자신을 배신한 배신자가 아니라면 어떻게 그가 그토록 그대를 괴롭힐 수 있겠는가.

그대는 밭에 씨를 뿌리고 그에게 망치게끔 한다. 그대는 집 안에 가구를 들여놓아 그가 부리는 도둑들이 훔쳐가도록 한다. 그대는 그의 색욕이 만족하도록 딸을 키운다. 그대는 그가 군대를 꾸리고 도살장이나 다름없는 전쟁터로 데리고 갈 수 있도록 자녀를 양육한다. 그는 얼마나 행복하겠는가. 그는 아이들을 탐욕의 중개인으로, 보복의 집행자로 만든다. 그런데 그대는 고통에 시달리고 쇠약해지면서도 정작 그는 환희에 찬 채 멋을 부리고 추악한 쾌락 속에서 뒹굴게 한다. 그가 더 강하고 더 거칠어져 더 짧은 줄로 그대의 목을 조이게끔 그대는 스스로 나약한 존재가 된다.

동물들은 이와 같은 수치심을 느끼지 못할 수 있다. 아니, 그렇다 하긴 어렵겠다. 어떤 짐승에게서 못 본 것이다. 그대는 굳이 그 수치심에서 벗어나려 애쓰지 않아도 된다. 벗어나려는 마음을 지니기만 해도 된다. 그러므로 더는 복종하지 않겠다고 결단하라. 그대는 자유로워질 것이다.

나는 그대가 독재자와 충돌하는 것도 원하지 않으며, 그를 자극하는 것도 원하지 않는다. 더는 그를 지지하지 않기를 바란다. 그렇게 하기만 한다면 그대는 그가 기둥뿌리가 뽑힌 거대한 동상처럼 자신의 무게를 이기지 못하고 스스로 무너져 내리는 모습을 볼 것이다.

의사들의 말에 따르면 치유될 수 없는 상처는 치료하려고 애쓸 필요가 없다고 한다. 어쩌면 국민은 오래전에 이미 고통을 느끼고 괴로워할 감정조차 모두 잃어버린 듯하다. 죽음을 향해서만 갈 뿐이다. 이들에게 조언하려는 것은 옳지 않은 일이다. 하지만 할 수 있다면 알아내야 한다. 이들은 복종하려는 의지가 고질적으로 뿌리내려 자유를 사랑하는 것이 자연스럽지 못한 행동이라고 믿게 되었다. 이런 믿음이 어떻게 그렇게 깊숙하게 뿌리내릴 수 있었는지 알아봐야 한다.

우리는 모두 평등하며, 우리는 모두 형제다. 우리가 자연으로부터 부여받은 권리로써 자연이 가르쳐준 대로 살아간다면 이성의 주체인 부모에게 복종하는 것은 당연하다. 다른 누군가의 노예로 살지는 않을 것이다. 우리는 본래 부모에게 순종하려는 본능적인 충동을 느끼기 마련이다.

아카데미에서 철저하게 논의되고 철학 학파들 사이에서 오랫동안 격론이 벌어진 문제이지만, 우리 안의 이성이 선천적인지 후천적인지 말해야 한다면 나는 우리의 영혼에 이성의 싹이 있다고 믿는다. 좋은 충고와 사례들이 쌓여 우리 안에 이성의 싹이 트면서 미덕이 만들어진다. 반면에 악덕이 지나치면 이 싹은 죽음에 이르고 만다.

하지만 그 누구도 부정하지 못할, 모두에게 명확하고 분명한 사실이 있다. 바로 신에게는 첫 대리인이자 인간들에게는 자선가인 자연이 우리 모두를 동시에 창조했다는 사실이다. 우리는 모두 평등하며, 아니 차라리 우리는 모두 형제라고 하는 편이 낫겠다.

자유를 잃은 순간

모두가 아는 것처럼 우리는 같은 거푸집으로 주조되듯 태어났다. 자연은 우리에게 재능을 나누어주면서 어떤 사람에게는 다른 사람보다 육체적 또는 정신적인 선물을 더 많이 아낌없이 주었다. 그러나 다른 한 사람에게는 적게 나누어 주었다. 하지만, 우리를 결투장으로 몰아넣으려 그렇게 한 것은 결코 아니다. 숲속의 무장 강도 같은 가장 강하고 교활한 자에게 가장 약한 이들을 사냥하라고 세상에서 가장 낮은 곳으로 보낸 것이 아니다.

　자연은 어떤 사람에게는 더 큰 것을, 다른 사람에게는 조금 작은 것을 나누어줌으로써 그들 사이에서 형제애가 생겨나기를 원했고, 서로에게 사랑의 감정을 실천하기를 원했다. 한쪽은 도움을 줄 힘이 있고 다른 한쪽은 도움이 필요하다.

　성품이 선한 부모처럼 자연은 우리에게 자기 땅을 모두 주고 그곳에 머물 수 있게 했다. 우리 모두를 같은 큰 집에 묵게 했고, 우리 모두를 같은 반죽으로 빚어 거울을 보는 것 같은 이웃의 모습에서 자신을 발견하게 한 것이다. 자연은 우리에게 목소리와 말이라는 아름다운 선물을 주었다. 덕분에 우리는 서로의 생각을 나누고 소통하면서 이념과 의지의 공동체를 이룰 수 있었다. 우리는 서로에게 말을 걸고 모두가 연결되어 살아갈 수 있다.

자연은 동원할 수 있는 모든 방법으로 사회 속에 존재하는 유대관계들을 찾아주었고, 우리를 하나로 묶어주었다. 마지막으로, 자연은 우리의 존재하려는 욕망을 모든 것에 드러냈다. 즉 우리가 공동체로서 함께 존재할 뿐만 아니라 혼자서도 존재하려는 욕구가 있음을 보여주었다. 그러므로 누가 우리 모두 원래부터 자유롭다는 사실을 의심하는가? 우리는 모두 평등하다. 도대체 누가 몇몇을 노예로 삼아도 된다고 생각한단 말인가? 자연은 절대로 동의하지 않을 것이다.

자유가 원래 태어날 때부터 주어지느냐에 대한 토론은 중요하지 않다. 우리는 심각한 피해를 보지 않는 한 타인의 노예가 되기란 불가능하기 때문이다. 그리고 어차피 이성이 지배하는 자연에 반대할 수 있는 것은 불의뿐이다. 무엇을 더 말해야 할까. 자유는 자연스러운 것이다. 우리는 자유뿐만 아니라 이 자유를 지켜내려는 의지도 함께 갖고 태어났다. 어쩌면 타고난 고유의 자산과 열의를 알아차리지도 못한 채 퇴화한 이들이 있을지도 모른다. 그들이 이 모든 것을 당연히 가져야 한다는 사실을 제발 깨달았으면 좋겠다.

그들에게 어떤 본성과 조건을 타고났는지 제대로 가르쳐주려면 연단에 야수들을 올려야 할지도 모른다. 그 짐승들은 신이 도와주기만 한다면, 그리고 인간이 그들의 말을 이해할 수 있으니 이렇게 말할 것이니.

"자유 만세!"

물고기가 물 밖으로 끌어올려지면 죽는 것처럼 어떤 동물은 잡히는 순간 죽고 만다. 원래부터 주어진 자유를 누리지 못할 바에는 스스로 죽음을 선택하는 것이다. 동물들 사이에 서열이 있다면 그중에 우위를 차지하는 동물이 있을 것이다. 자유를 지녔는지에 따라 그 귀족 계급이 결정되지 않을까.

사람에게 붙잡히면 가장 큰 동물들은 물론 가장 작은 동물들도 발톱을 세우고, 뿔을 들이밀고, 날카로운 발과 부리를 이용해 자신이 할 수 있는 최대의 저항을 할 것이다. 자신에게서 빼앗으려는 것이 얼마나 소중하고 가치 있는 것인지 보여준다. 그들은 잡히는 순간부터 지금 자신이 얼마나 불행해지는지 분명하게 드러내기를 그치지 않는다. 노예로서의 삶을 절대 받아들이지 않는다. 차라리 괴로워하면서 자유를 박탈당했다고 계속 저항하는 동물들의 저항은 인간보다 더 훌륭하다고 생각한다.

코끼리는 자유를 빼앗기면 희망이 없는 마지막 순간까지 자기 자신을 지키려 한다. 코끼리의 이런 행동은 무엇을 의미할까? 코끼리는 나무로 달려들어 턱을 박고 이를 부러뜨린다. 그렇게 할 수 없다면 어떻게 할까? 본래 지내던 대로 자유롭고 싶은 욕망이 너무 큰 코끼리는 차라리 사냥꾼에게 상아를 내놓으려 한다. 상아를 몸값으로 남겨둔 채 자유를 사려는 것이다.

말은 어떨까? 말은 태어나자마자 복종 훈련을 받지만, 우리가 아무리 보살피고 쓰다듬어주면서 길들이려 해도 절대 쉽지 않다. 말은 재갈을 물어뜯고, 박차를 가하면 뒷발질한다. 말의 이런 행동이 뜻하는 것은 분명하다. 복종은 하겠지만 절대로 동의한 것이 아니며 강압에 떠밀려서일 뿐이라고. 그렇다면 소와 새는 어떤가? 소는 멍에를 쓴 채 신음하고, 우리에 갇힌 새는 몹시 슬프게 운다.

그러므로 자신의 존재를 자각하는 모든 생명은 구속되는 순간 불행하다고 느끼므로 자유를 찾기 마련이다. 애초에 인간에게 이용되기 위해 태어난 동물조차 복종해도 버틸 수 있을 때까지 버틴다. 도대체 인간은 어떤 악덕에 영향을 받아 그렇게 하찮게 변질되었을까? 인간은 자신이 본래 어떤 상태였는지 기억하지 못하고, 다시 그때로 돌아가려는 욕망조차 잃어버렸다. 인간은 원래 자유롭게 살기 위해 태어난 존재 아닌가.

우리 곁의 독재자

독재자에는 세 종류가 있다. 국민들의 투표로 왕국을 소유한 독재자, 군대의 힘으로 권력을 잡은 독재자, 그리고 가문의 대를 이어 독재자가 된 부류가 있다.

나라를 통치할 때도 정복한 나라에 있는 것처럼 행동한다. 그렇다고 태어날 때부터 왕인 부류가 다른 독재자들보다 일반적으로 더 낫다고 볼 수는 없다. 절대적인 권력의 품에서 태어나고 자라난 그는 젖을 먹으며 독재자의 기질을 빨아들인다. 그는 국민들이 대대로 상속되어 내려오는 농노처럼 복종하는 모습을 지켜본다. 그는 인색하거나 반대로 낭비가 심한데, 어느 쪽이든 왕국을 그 자신의 유산처럼 사용하는 것은 매한가지다.

국민이 권력을 쥐여 준 독재자라면 다른 독재자들보다는

그래도 견딜 만할 것 같고 실제로 그럴 수도 있을 것이다. 그런데 그가 자기보다 높은 사람이 없는 위치에 올랐음을 인지하면, 그는 사람들이 권위라고 부르는 그 무엇인가에 취해 그 자리에서 절대로 내려가지 않겠다고 마음을 단단히 먹는다. 국민이 그에게 맡긴 권력을 그의 자손에게 물려줘야 할 것으로 여긴다. 게다가 그와 그의 자손이 죽음을 눈앞에 두고 권력을 넘겨줘야 할 때, 그들이 보여주는 온갖 악덕과 잔인함은 다른 모든 독재자를 능가하고도 남는다.

정말 이상한 일이 아닐 수 없다. 그는 국민들에게 복종을 더욱 강제하고 자유에 대한 생각을 배제시킨다. 자신의 새로운 폭정을 공고히 하고, 국민들이 간직한 자유에 대한 기억을 모조리 지울 방법이 그것 말고는 없기 때문이다.

독재자들에게 어느 정도의 차이점을 발견할 수는 있겠지만, 내게 어느 쪽이 나은지 고르라고 한다면 그것은 도저히 상상조차 하고 싶지 않다. 왕권을 차지하는 방법이 다양하다고 하더라도 통치하는 방법은 결국 똑같기 때문이다. 국민들이 선정해준 덕분에 왕이 된 자는 국민을 길들여야 하는 황소처럼 취급하고, 정복해서 왕이 된 자는 국민의 권리를 자기 소유물인 양 마음대로 빼앗는다. 그리고 대를 이어 권력을 유지하는 독재자는 국민을 원래부터 자신이 소유한 노예처럼 다룬다.

　구속되는 것에 익숙하지도 않고 자유를 전혀 알지 못해 목 말라하지도 않는 사람이 지금 몇 명 태어났다고 해보자. 완전히 새로운 사람들이다. 그들에게 노예가 되어 살지 자유롭게 살지 선택하라고 한다면 그들은 과연 어떤 결정을 할까? 그들이 그럴 만한 이유도 강압도 없이 독재자라고 자처하는 자를 통치자로 삼았던 이스라엘 유대 민족이 아닌 이상, 어떤 ⬛⬛⬛⬛⬛⬛⬛⬛⬛⬛⬛⬛⬛⬛⬛⬛⬛⬛⬛⬛⬛⬛⬛⬛⬛⬛⬛⬛⬛ 르고 싶을 것이다. 나는 유대인들의 이야기를 읽을 때면 그들에게 닥친 모든 해악이 오히려 반가울 정도로 비인간적인 사람이 되어 극도로 분노했다.

　인간적인 흔적이 남아 있는 한 인간이 자신을 독재자에게 복종 당하게 내버려두려면 그것은 강요받았거나 속아서 착각하는 것 중 하나다. 예를 들어 스파르타와 아테네가 알렉산더 군대에 굴복했던 것처럼 외국 군대에 복종하거나, 아니면 이보다 훨씬 전에 아테네 정부가 페이시스트라토스의 손아귀에 들어갔던 것처럼 급진파에 속아넘어가서 자유를 잃은 사례가 그렇다.

  그런데 속아서 노예가 된 사례는 대체로 다른 사람이 유혹해서라기보다 스스로 이성을 잃고 착각에 빠져 그렇게 된 경우가 많다. 시칠리아의 옛 수도 시라쿠스의 국민들은 적들이 사방에서 공격해오자, 당장 눈앞에 닥친 위험만 생각한 나머지 앞날을 내다보지 못했다. 그들은 디오니시오스 일세를 선출해 군대의 총지휘를 맡겼다. 이 교활하고 음흉한 자는 전쟁에서 돌아왔을 때, 적들이 아니라 오히려 국민들을 정복한 것처럼 승리에 취해 있었다. 하지만 시라쿠스 국민들은 그가 군대를 이끄는 왕이 되었다는 사실뿐만 아니라 독재자가 되어 그만큼의 권력을 쥐었다는 사실도 알아차리지 못했다.

  국민들은 반역자에게 사기당했다. 그들은 자신의 권리를 까맣게 잊어버리고 인간으로서의 품위조차 잃고 말았다. 이렇게 무감각해진 국민들이 정신을 차리고 권리를 되찾는 일은 일어나지 않는다. 그들은 너무도 자발적으로 나서서 독재자를 섬긴다. 그런 국민을 보고 있으면 그들이 잃어버린 것이 자유만이 아님을 알 수 있다. 자발적으로 속박 상태가 되어 세상에서 제일 우둔한 노예가 된 것이다.

처음에는 힘에 떠밀려 복종했을 것이다. 하지만 곧 그 힘에 익숙해지고 말았다. 그들의 자녀 세대는 자유를 경험해보지도 못하고 자유가 무엇인지조차 알지 못한다. 자녀 세대는 그들의 부모가 강요로 인해 한 일을 아무런 불만 없이 스스로 할 뿐이다.

멍에를 쓰고 태어난 것이나 다름없는 그들은 애초에 노예 신분으로 양육된다. 더는 앞을 보지 않는다. 태어난 신분 그대로 살아가는 것으로 만족한다. 권리는 물론 다른 사람들은 세상에 태어났을 때부터 발견했을 소중한 것들을 원래 그들 ㆍ ㅣㅣ ㅐ ㅐ''ㅐㅣ ㅐㅣㆍ ''ㅐㅐ ㅣㅐ ㅐ ㅣ ㅐㅐ' 'ㅣㄴ'' ㅣㆍㅐㅣㆍㅐ' 것이 자연상태라고 생각한다.

그런데 생각해보자. 돈이 많고 아무런 걱정도 없이 무기력하게 사는 상속자가 있다. 아무리 그렇다고 해도 언젠가 한 번은 기록을 펼쳐 그가 대대로 물려받은 모든 권리를 제대로 누릴 수 있는지, 그와 그의 선조들의 것을 타인이 침범할 일은 없는지 확인해보려 할 것이다.

복종을 부르는 독

우리의 행동에 절대적인 지배력을 행사하는 것이 있다. 그것은 바로 습관이다. 이 습관의 힘이 우리에게 복종을 학습하도록 한다. 소아시아의 대왕 미트리다테스는 독에 길들다가 ▨▨▨▨▨▨▨▨▨▨▨▨▨▨▨▨▨▨▨▨▨▨▨▨ 이 복종의 독을 삼킨다.

자연이 우리에게 준 성향이 좋든 나쁘든 그 본성을 따라간다는 사실에는 의심의 여지가 없다. 하지만 우리에게 미치는 영향력으로 따지자면 본성이 습관보다 약하다는 사실을 인정해야 한다. 타고난 자연적 기질이 아무리 좋다고 해도 제대로 유지되지 않는다면 이내 사라지고 말 것이기 때문이다. 게다가 우리가 본래 기질을 가지고 있음에도 우리라는 존재는 습관을 따라 만들어진다.

자연이 우리 안에 선의 종자를 심어 놓았지만 그것은 너무

보잘것없고 연약해서 공격해 오는 힘이 매우 약해도 저항하지 못한다. 조금만 방해해도 견뎌낼 역량이 없으므로 씨앗이 자라나지 못한다. 그 씨앗들은 보존되기도 쉽지 않다. 그만큼 쉽게 퇴화되고 심지어 변질되기도 한다.

고유의 종을 보유한 각 과실수에도 이와 같은 일이 일어난다. 과실수는 자연적으로 물려받은 기질을 간직하고 있지만, 접목하는 순간 그 선천적인 기질을 잃고 완전히 다른 열매를 맺는다. 풀도 각기 다른 고유성, 성질, 특성을 지녔다. 하지만 추위, 시기, 토양 또는 정원사의 손길로 특유의 본성이 손상되거나 개선된다. 어떤 나라에서는 잘 보이던 식물이 다른 나라에서는 발견할 수 없는 경우도 많다.

베네치아인들은 소수의 인원이 아주 자유롭게 산다. 그들 중에 가장 불행하다고 할 수 있는 사람조차 왕이 되기를 원하지 않을 정도로 자유롭다. 모두가 태어났을 때부터 그들이 누리고 있는 자유를 유지하는 것 말고는 다른 야망이 없다. 그들은 그렇게 자란다. 요람에서부터 그렇게 배웠고 교육받아 그들은 자유의 어린 가지조차 그 어떤 행복과도 바꾸지 않을 것이다.

어떤 사람이 이런 베네치아인들을 만나고 곧 헤어져 그곳을 떠나왔다고 하자. 그는 우리가 '위대한 통치자'라고 부르는 사람의 활동무대로 돌아왔다. 그가 이제 발견할 수 있는 사람은 통치자를 섬기기 위해서만 태어나고 그의 권력을 유지하기 위해 삶의 전부를 헌신한 이들뿐이다. 과연 그는 이 두 부류의 사람들이 같은 본성을 지녔다고 생각할 수 있을까? 사람이 사는 도시를 떠나 동물원에 왔다고 생각하지는 않을까.

스파르타의 입법가 리쿠르고스는 같은 어미에게서 태어나 같은 젖을 먹은 두 마리의 개를 키웠다고 한다. 그런데 한 마리는 식탁에 앉아 식사에 익숙해지게 하고, 다른 한 마리는 사냥개처럼 뿔나팔 소리를 들으며 들판을 뛰어다니게 했다. 그는 스파르타 사람들에게 교육에 따라 본성이 어떻게 달라지는지 보여주고 싶었다. 개 두 마리를 공공장소에 데리고 간 뒤 수프와 산토끼 사이에 풀어주었다. 그러자 한 마리는 음식이 담긴 그릇으로 달려갔고 다른 개는 토끼에게 달려갔다. 그때 그가 말했다.

"이렇게 다르다. 하지만 그들은 같은 배에서 나온 형제다!"

스파르타 사람들은 이 입법자에게 정말 좋은 교육을 받았다. 주인 한 명에 복종하거나 다른 제도를 받아들일 바에는 오히려 기꺼이 죽음을 감내하기로 작정한 일이 수없이 많았으므로.

여기에서 고대 페르시아 대왕 크세르크세스가 스파르타인들을 언급할 때 가장 즐겨 했던 말이 떠올라 매우 기쁘다. 그가 그리스 전체를 진압하기 위한 전쟁을 준비할 때였다. 그는 그리스의 여러 도시로 사절단을 보내 물과 토지를 요구했다. 이는 페르시아인들이 도시들에 항복하라고 촉구할 때 행사하던 상징적인 관례였다.

하지만 스파르타와 아테네에는 아무도 보내지 않았다. 그의 아버지 다리우스가 예전에 스파르타와 아테네 사람들에게 이와 같은 명령을 내렸다가 사절단의 몇 명은 도랑못으로, 다른 몇 명은 우물로 던져졌기 때문이다. 당시에 그들은 단호하게 말했다.

"직접 퍼서 당신네 왕에게 가져다주시오."

오만하기 그지없던 이 공화주의자들은 그들의 자유를 해치려는 그 어떤 말도 견딜 수 없었다. 그런데 스파르타 사람들은 그런 행동이 신들, 특히 군사들의 보호신 탈티비우스를 모독한다는 것을 알게 되었고, 신들을 달래기 위해 스파르타 시민 두 명을 크세르크세스에게 보내 그의 마음대로 하도록 했다. 그의 아버지가 보낸 사신들이 죽임을 당한 일을 복수하게 한 것이다.

이때 자진해서 희생자가 되겠노라고 나선 스파르타인은 스페르티아스와 불리스였다. 그들은 길을 나섰고, 해안가에 이르러 히다르네스라는 페르시아인의 궁에 도착했다. 히다르네스는 아시아의 모든 도시를 지배하는 왕의 대리관으로서 두 명의 스파르타인을 진심으로 환대했고 많은 이야기를 나누었다. 그리고 그들에게 왜 그렇게 거만하게 왕의 우정을 거절했는지 묻고 싶어 했다.

"나를 보시오. 왕께서 마땅히 받을 만하다고 인정한 사람들에게는 어떻게 보상하는지 아실 것입니다. 당신들이 왕을 섬기고 왕께서 당신들을 인정하신다면 두 분 모두 그리스 여러 도시의 총독이 될 것입니다."

이 말에 스파르타 사람들이 대답했다.

"히다르네스여, 당신은 우리에게 올바른 조언을 해주실 수 없습니다. 당신은 우리에게 약속하려는 행복을 이미 맛보셨겠지요. 하지만 우리가 지금 만끽하고 있는 행복은 전혀 알지 못하십니다. 당신은 왕의 총애를 경험했다고 해도 자유가 얼마나 좋은지는 전혀 모르시지 않습니까. 자유가 어떤 행복을 선물해주는지도 모르시지요. 당신이 자유가 무엇인지 아주 조금이라도 아신다면 우리에게 자유를 지키라고 조언하실 겁니다. 창과 방패가 없다면 손톱과 이를 사용해서라도 자유를 빼앗기지 말라고 말씀하실 겁니다."

스파르타인들의 말이야말로 진실이었다. 그들 역시 그렇게 교육받아 그렇게 말한 것뿐이다. 페르시아인들은 지금껏 자유를 누려보지 못해 자유를 아쉬워할 수 없었고, 반대로 자유의 기쁨을 너무나 잘 아는 스파르타인들은 인간이 어떻게 노예로 살아갈 수 있는지 절대로 이해할 수 없었다.

우티카의 소(小) 카토는 어릴 때 스승의 지도를 받았으면서 종종 독재자 술라를 만나러 갔다. 소 카토와 술라는 혈연관계로 엮여 있어서 가족의 지위 덕분에 술라의 집을 자유롭게 드나들 수 있었다. 이렇게 술라를 찾아갈 때마다 소 카토도 당시 로마 귀족의 자제들이 관례적으로 하듯 그의 스승과 동행했다.

어느 날 술라가 머무는 저택에서마저 그의 명령에 따라 투옥되거나 형을 선고받는 이들을 보았다. 어떤 사람은 추방당

했고, 또 어떤 사람은 목이 졸려 죽임을 당했다. 시민의 재산을 몰수할 것을 제안하는 사람도 보았고, 그 시민의 목을 내놓으라고 요구하는 사람도 보았다. 이 모든 일이 도시의 사법관이 아닌 독재자의 집에서 일어나고 있었다. 그의 집은 정의가 실현되는 성역이 아니라 폭정이 판치는 소굴일 뿐이었다.

어린 귀족 소 카토가 스승에게 말했다.

"저에게 당장 단검을 주세요! 옷 안에 숨겨두겠습니다. 그가 잠들어 있는 동안 종종 그의 방에 들어가거든요. 이 도시를 자유롭게 할 만큼 강한 힘이 제 팔에 있습니다."

생김새가 나오는 생각이었나. 뒷날 그가 죽음을 맞이했을 때 얼마나 의연했는지 떠올려본다면 어린 시절에도 그에 걸맞은 모습이었음을 알 수 있다. 다만 여기에서는 그의 이름과 나라를 언급하기보다 그때 무슨 일이 일어났는지 살펴보자. 이 일은 카토가 어떤 사람인지 잘 말해준다. 카토가 이런 사람일 수 있었던 것은 로마가 아닌 자유로운 로마에서 태어나서라고 말하고 싶다.

내가 왜 이렇게 말하는가? 어느 나라, 어느 땅에서 태어났는지가 한 사람에게 절대적인 영향을 끼치지 않는다고 이야기하려는 것은 당연히 아니다. 노예로 산다는 것은 그곳이 어디든 모두에게 가혹한 일이며, 자유가 얼마나 귀한지 이야기하고 싶은 것이다. 그러므로 태어나면서부터 멍에를 쓸 수밖에 없었던 사람들을 불쌍히 여겨야 한다고 생각한다. 자유의 그림자조차 본 적 없고 자유라는 말도 들어본 적도 없어서 노예로 살아가는 것이 불행하다고 생각하지 못한다면 그들을 이해하고 용서해야 한다.

호메로스가 킴메르 사람들에 대해 말했던 것처럼 실제로 태양이 우리와 완전히 다르게 떠오르는 나라들이 있어서 육 개월 내내 밝고 나머지 육 개월은 계속 어둡다고 해보자. 어두운 밤이 지속되는 동안 태어난 두 사람이 있다. 그들은 빛이라는 말을 들어본 적 없고 낮을 겪어본 적도 없다. 이렇게 탄생의 순간부터 어두운 세상에 적응해 살면서 밝음을 딱히 원하지 않는다면 그것이 그렇게 놀랄 일일까.

독재에 지배당한 이성

인간은 자기가 가져본 적 없는 것일수록 절대로 아쉬워하지 않는다. 슬픔이란 기쁨 뒤에 따라오는 법이며, 예전에 경험한 기쁨을 통해 슬픔을 제대로 인식할 수 있다. 인간의 본 ███ ████ ███ ██ ██ ███ ███ ███ ███ ██ 받음으로써 너무 쉽게 이 본성에 완전히 다른 주름이 생기기도 한다.

사람은 자기 자신을 형성하는 모든 것에 익숙해지면 그것은 당연하게 여기고, 그 후로는 단순하고 변질되지 않는 것들에서 벗어나지 않으려 한다. 자발적으로 복종하는 첫 번째 이유는 바로 습관이다. 아주 용맹하게 길들인 말을 봐도 알 수 있다. 일단 재갈을 물고 나면 나중에는 즐긴다. 안장을 얹을 때 격렬하게 저항했지만, 곧 갑옷을 걸친 듯 자신을 뽐내려 한다. 그렇게 철갑을 두르고 우쭐해서는 거드름을 피우고 으

스댄다.

노예로 태어나 노예로 살아가는 이들은 어차피 지배받아 왔으며, 그들의 아버지들도 그렇게 살았다고 말한다. 재갈을 물 수밖에 없었으며, 부모를 보며 그래야 하는 줄 알았고, 시간이 흐르면서 그들은 폭정을 행하는 자의 소유물로 굳건하게 자리잡았다고 생각한다. 그렇다면 오랜 시간 악한 짓을 해왔다고 해서 그런 악행이 정당하다고 말할 수 있을까? 오래 갈수록 더욱 훼손되어 갈 뿐이지 않은가.

그런데 다른 사람들보다 더 자부심을 느끼고 더 나은 영감을 받은 이들이 있다. 그들은 멍에를 쓰면 그 무게를 분명하게 느끼기 때문에 벗어나려고 할 수밖에 없다. 복종에 절대로 굴복하지 않는다. 오디세우스가 땅에서든 바다에서는 그의 집에서 연기가 피어오르는 모습을 보려고 했던 것처럼 그들은 본래 가지고 태어난 권리를 잊지 않으려 항상 노력한다. 그리고 어떤 경우에도 권리를 가장 먼저 요구한다.

그들은 분별력과 통찰력이 뛰어나, 무지하고 무기력한 사람들처럼 앞뒤를 살피거나 자기 발만 내려다보고 있지 않는다. 그들은 현재를 더 올바르게 판단하고 미래를 내다보기 위해 과거의 일들을 상기한다. 이렇게 자신에 대해 올곧은 생각을 지닌 사람은 연구과 지식으로 개선될 수 있다. 이 세상에서 자유가 완전히 내몰리고 사라진다고 해도 그들은 이 땅에 자유를 다시 데려올 수 있을 것이다.

그들은 자유를 마음속 깊이 느끼고, 음미하고, 정신 깊은 곳에 씨앗을 보관하고 있어서, 복종이 어떤 해괴망측한 모습을 하고 그들을 유혹하려고 해도 절대로 넘어가지 않는다.

오스만튀르크제국의 통치자는 민중이 그 무엇보다 책과 건강한 학설로 인간의 존엄을 깨우치고 폭정을 증오하게 된다ㅣ ㅣㅣㅣㅣ ㅣㅣ ㅣㅣㅣㅣ ㅣ ㅣ ㅣㅣ ㅣㅣ ㅣㅣ ㅣㅣㅣ ㅣㅣ ㅣ ㅣ 람에 따라 지식인이 거의 없었다는 내용을 읽은 적이 있다.

자유에 헌신하는 사람들이 곳곳에 많았다고 해도 자유를 향한 그들의 열정과 애정은 아무런 의미가 없었다. 서로의 목소리를 들을 수 없었기 때문이다. 독재자는 그들에게서 행동하고 말하는 자유는 물론 생각하는 자유까지 빼앗았다. 행복해지려는 의지만 남겨두었다. 불과 대장간의 신이 만들어낸 인간에게는 작은 창이 없어서 은밀한 생각을 서로 들여다볼 수 없다고 불평과 비난의 신 모모스가 트집 잡은 것은 어쩌면 당연한 일이다.

브루투스와 카시우스는 로마, 더 나아가 전 세계를 해방시키려고 계획하면서 키케로와 함께하기를 원하지 않았다고 한다. 키케로는 그런 거창한 일에 참여하기에는 마음이 너무 약하다고 판단했기 때문이다. 물론 키케로의 의지만은 믿었지만 그의 용기는 그다지 신뢰할 만하지 못했다.

과거를 떠올려보고 옛날 연대기를 참조해본다면, 자기 나라가 악한 세력의 손아귀에서 가혹한 대우를 받을 때 거의 모두가 해방의 날을 꿈꾸며 마침내 그 꿈을 성취한다는 것을 알 수 있다. 자유는 항상 그 자체만으로도 사람들에게 도움이 된다. 하르모디우스, 아이스토게이톤, 트라시불로스, 대(大) 브루투스, 발레리우스, 디온까지 그들은 원대한 계획을 구상하고 이를 성공적으로 수행했다.

이런 업적이 이루어지는 과정을 살펴보면 굳건한 의지가 항상 성공을 보장한다는 것을 알 수 있다. 카시우스와 마르쿠스 브루투스는 그들의 나라가 속박 상태에서 벗어나게 하려고 카이사르를 해치우려 했다. 그들은 자유를 되찾으려던 중 목숨을 잃고 말았다. 그들은 죽었지만 명예로웠다. 그들이 살았든 죽었든 그 누가 감히 그들을 비난할 수 있겠는가. 그런데 내 생각에 그들의 죽음은 반대로 엄청난 불행이기도 했다. 로마의 공화정은 완전히 몰락했고 그들과 함께 묻히고 말 았기 때문이다.

로마 황제들에게 대항하려 했던 다른 시도들은 의욕만 넘 치는 몇몇 사람의 음모에 불과했다. 그들은 결국 성공하지 못 했고 불행한 결과를 맞이했다. 그렇다고 아쉬워할 필요는 없 다. 그들이 원했던 것은 왕좌를 뒤엎는 것이 아니었기 때문이 다. 그들은 단지 왕권의 위엄을 떨어뜨려 독재자를 쫓아낸 뒤 또 다른 폭정의 시대를 열고 싶었을 뿐이다. 그들의 계획이 성공했다면 나로서는 몹시 화가 났을 것이다. 그들의 사례를 들이대면서, 이 개념을 신성한 예법을 지키며 되도록 실행하 기 위한 도구로 이용해서는 안 된다는 점이 알려졌다는 데 만 족한다.

지금까지는 본론에서 조금 벗어난 이야기였다. 다시 주제 로 돌아가자. 인간이 자발적으로 복종하는 첫 번째 이유는 그 들이 노예로 태어났고 복종하며 자라났기 때문이다. 그리고 이 첫 번째 이유에서 또 다른 이유가 자연스럽게 발생한다. 인간은 독재자의 지배 아래에 있으면 필연적으로 비겁하고 유약해진다는 것이다.

의학의 아버지 히포크라테스가 질병을 다룬 저서에서 이런 내용을 정확하게 지적하고 있다고 생각한다. 이 훌륭한 인물은 심지가 매우 강했다. 페르시아 왕이 그에게 온갖 물량공세와 제안을 하며 곁에 두려 했을 때, 그가 한 대답을 보면 얼마나 대단한 용기를 가졌는지 엿볼 수 있다. 그는 자신은 양심상 그리스인들을 해치려는 야만인들을 치료하는 데 전념하고, 그의 고국 그리스를 파괴하려는 자에게 유용한 일을 할 수 없노라고 왕에게 솔직하게 대답했다. 이것은 그가 페르시아 왕에게 보낸 편지에 담긴 내용으로, 다른 저서들에도 남아 있어서 그의 용기와 올곧은 성품을 영원히 증언해줄 것이다.

그들이 뒤에 숨긴 것

자유를 잃으면 용기도 잃어버린다. 노예들은 전쟁이 벌어
졌을 때 열의도 없고 의연함도 없다. 그들은 옴짝달싹 못 하
게 사지가 묶인 사람처럼 자신의 의지와는 상관없이 의무를
～～～～～～～～～～～～～～～～～～～～～～～～～～～～
유를 향한 신성한 불꽃으로 가슴이 뜨겁게 타오른 적이 없어
서 위험을 무릅쓰고 과감하게 맞서지도 못하며 전우들 곁에
서 영원히 명예롭게 남을 아름답고 영광스러운 죽음을 맞이
하기를 원해본 적도 없다.

자유로운 사람들은 모두가 서로 경쟁하듯 각각 한 사람 한
사람을 위해 서로를 위한다. 그들은 패배로 인한 불행이든 승
리로 얻은 행복이든 어차피 그 양은 똑같다는 것을 알고 있
다. 그런데 용기나 열의가 전혀 없는 노예들은 의욕이 턱없이
부족하고 나약해서 절대로 원대한 일을 실행할 수 없다. 독재

자는 이 사실을 잘 안다. 그래서 노예들을 더 무기력하고 더 많이 두려움에 떨도록 온갖 노력을 다한다.

그리스인들에게 가장 위엄 있고 존경받는 인물 중 한 명인 역사가 크세노폰은 분량이 얼마 되지 않는 책 한 권을 썼다. 그 책에는 시모니데스와 시라쿠사의 왕 히에론이 독재자의 근심거리에 대해 나누는 대화가 담겨 있다. 그리고 올바르고 진지한 훈계가 가득한데, 내가 생각하기에 그야말로 무한한 은총이다. 독재자 노릇을 한 적 있는 사람들이 이 책을 거울삼아 늘 곁에 두면 좋겠다. 독재자들은 이 책에서 자신들이 저지른 악행을 떠올릴 테고 수치심에 얼굴이 달아오를 것이다.

이 책은 모두에게 위해를 가하면서 모두를 두려움에 떨게 할 수밖에 없는 독재자들이 겪는 고통을 말한다. 그중 한 가지가 외국인 병사를 종으로 삼는 이유에 관한 것으로, 악한 왕들이 갖가지 방식으로 학대하던 백성들의 손에 무기를 들려주는 것을 원하지 않기 때문이다. 프랑스에서조차 몇몇 왕이 오늘날보다 훨씬 많은 외국 군인을 월급을 주며 고용한 적이 있었다. 하지만 그것은 오히려 그들의 백성을 보호하려는 것이었다. 그 외의 목적은 없었으며 그로 인해 발생하는 비용은 신경쓰지 않았다.

이것은 내가 위대한 아프리카인이라고 믿는 스키피오 아프리카누스의 생각이기도 하다. 그는 백 명의 적을 무찌르는 것보다 시민 한 명의 목숨을 구하고 싶었다. 아무 가치 없는 사람을 신하로 삼는 것으로는 권력을 보장받지 못한다는 사실을 독재자가 너무 잘 알고 있다는 것이다.

고대 로마시대의 희극작가이자 시인인 테렌티우스의 글에 등장하는 트라소는 코끼리 사육사에게 이렇게 말한다.

"네 신세 ●●●● 쓸쓸해졌고나, 그에게 넘기지 ●●●●니 겁니까?"

당연히 독재자에게도 적용되는 말이다.

자신의 신하들을 바보로 만들려는 이런 속임수가 가장 명확하게 드러난 사례가 있다. 카루스는 리디아의 수도 사르디스를 점령한 뒤 어마어마한 부자였던 리디아의 왕 크로이소스를 포로로 잡아들인 지 얼마 되지 않아 사르디스 사람들이 반란을 일으켰다는 소식이 전해졌다. 그는 곧 그들을 복종시켰는데, 그 과정에서 속임수를 발견할 수 있다. 카루스는 아름다운 도시를 망가뜨리는 것을 원하지 않았으며, 그 도시를 지배하기 위해 그곳에 군대를 주둔시켜야 한다고 생각하지도 않았다.

그는 사르디스를 완전히 소유하기 위해 기가 막힌 방책을 떠올렸다. 사창가와 술집, 도박장 같은 시설을 설치하고 시민들이 드나들도록 칙령을 내려 방탕에 빠져들게 했다. 그는 이런 주둔 방식을 무척 즐겼으며, 훗날에도 리디아 사람들에게 칼을 꺼낼 일이 없었다. 이 가엾은 사람들은 온갖 도박을 다 만들어내느라 바빴다. 라틴 사람들은 리디아 사람들을 가리켜 'Ludi' 혹은 더 속되게 일컫는 의미로 'Lydi'라고 불렀다. 프랑스어로 오락, 놀이, 기분 전환을 뜻하는 'loisir'는 라틴 사람들이 리디아 사람들을 부르던 말에서 따왔다.

모든 독재자가 국민을 나약하게 하기 위한 지시를 내릴 때 공공연하게 하는 것은 아니다. 카루스가 공식적으로 명령했던 것을 독재자들 대부분은 비밀리에 실행했다. 사실 일반적으로 도시에 사는 국민들 중 대다수는 무지한 부류다. 독재자는 자신을 사랑하고 헌신하는 국민을 의심하는 반면에 국민은 그들을 속이고 배신하는 자를 신뢰한다. 잠깐 맛보고 마는 아주 작은 달콤함 앞에서 국민들은 서슴없이 복종하려고 달려든다.

이렇게 보면 인간도 새 피리를 이용한 사냥에 잡히는 새나 낚싯바늘에 걸린 맛있는 미끼를 무는 물고기보다 나을 것이 없다. 어쩌면 인간이 더 덥석 뛰어드는지도 모른다. 아주 조금만 긁어 주면 너무나도 재빠르게 자신을 내맡기는 모습은 정말 놀라울 따름이다.

고대인들에게 연극, 놀이, 소극(笑劇), 공연, 검투사, 신기한 동물들, 상패, 그림, 마약류와 같은 것은 복종의 미끼였
ㄸ, ㄱㄷㅐ 제ㅇ에 ㄷㅐㅎ ㅂ상이었으며 ㅍㅈㅇ ㄷㄱ였다

이런 제도와 관행, 유혹은 고대 독재자들이 그들의 백성을 무조건적으로 복종하게 하려고 사용한 수단이었다. 이렇게 멍청해진 국민은 유흥이 좋은 것이라 여기면서 눈이 먼 채로 무의미한 쾌락에 빠져 복종에 길들고 만다. 어린아이가 채색된 그림으로 읽기를 배우는 데 익숙한 것만큼이나 자연스럽게 진행될 것이다.

로마 독재자들은 고대 방식보다 한술 더 떴다. 수시로 원로원 민병대에 성대한 식사를 베풀어 흥청망청 배불리 먹고 마시게 하면서 그들의 비위를 맞추며 입을 즐겁게 해주었다. 그

들 중에서 가장 지적이고 교양 있는 사람조차 플라톤 공화국의 자유를 되찾기 위해 수프 사발을 내려놓지 못했다. 독재자들이 곡식, 포도주, 은화로 인심을 후하게 쓰고는 "국왕 폐하 만세!"라고 외치는 소리를 듣는 모습은 정말 민망하고 딱하기 그지없다.

둔한 사람들은 이 모든 것이 본래 그들이 가진 재산의 일부라는 사실을 전혀 알아채지 못했다. 게다가 돌려받은 몫조차 원래 자신들의 것으로, 애초에 독재자가 그들에게서 강탈하지 않았다면 돌려줄 수도 없었다. 은화는 그런 식으로 모였고, 국가의 연회는 티베리우스와 네로의 자비를 찬양하면서 성대해졌다. 다음날이 되면 국민들은 독재자의 탐욕 앞에서 재산을 바쳐야 하고, 그의 사치에 제 아이를 내어줘야 하며, 이 어마어마한 잔인함에 신분마저 포기할 수밖에 없다. 국민들은 입도 뻥긋하지 못해 돌멩이 한 개의 충격도 발휘하지 못하며, 꼼짝하지 않고 묻혀 있는 그루터기만큼도 움직이지 못하고 말았다.

무지하고 멍청한 국민은 항상 이런 식이었다. 그들은 정직하게 살려고 했다면 받을 수 없었을 쾌락에 마음을 완전히 열고 방탕함을 만끽했다. 이성적이라면 이런 잘못과 고통을 감내하지 못했을 텐데, 이성이 아예 사라져버렸다.

지금은 네로에 관한 이야기를 듣는 것만으로, 이 악랄한 괴물의 이름을 듣는 것만으로, 이 비열하고 더럽고 잔인한 짐승의 이름을 듣는 것만으로 벌벌 떠는 사람을 본 적이 없다. 네로는 살아 있을 때만큼이나 죽은 뒤에도 비열했다. 로마 국민들은 대단하게도 네로 덕분에 누린 놀이와 향연을 떠올리며 비탄에 빠져 그를 애도했다. 훌륭한 역사가 중 한 명이라고 보장할 수 있는 코르넬리우스 타키투스가 쓴 글이니 믿을 만한 사실이다.

모든 법률을 유린하고 로마의 자유를 억압했던 율리우스 카이사르가 사망했을 때 로마인들이 어떻게 했는지 생각해본다면 이상할 것도 없다. 내 생각에 사람들이 이 인물에게 특히 열광했던 것은 그가 베푼 인정 때문이었다. 그런데 잘 생각해보면 카이사르가 아무리 격찬을 받은 인물이라고 해도 그가 베푼 인정은 이전 세대의 가장 야만적인 로마 독재자들이 저지른 끔찍한 잔인함보다 더 해로웠다. 사실 이것은 거짓된 호의였기 때문이다. 복종이라는 독이 든 음료에 달콤한 꿀을 발라 로마 국민들에게 준 것이나 다름없었다.

그가 죽고 나서도 로마인들은 여전히 그가 연 연회를 끊임없이 떠들어댔고 그의 넉넉한 인심을 추억했다. 그들은 광장의 의자들을 쌓아 올려 그를 명예롭게 기릴 수 있는 기념탑을 만들었다. 그의 시신은 그곳에서 태워졌고 잿더미가 되었다. 그리고 기둥머리에 조국의 아버지라고 적힌 기둥을 세워 그에게 바쳤다. 그 결과 이미 이 세상 사람도 아닌 그에게는 명예가 넘치게 부여되었다. 그에게 죽임을 당한 사람들에게는 절대로 주어질 리 없던 바로 그 명예였다.

로마 독재자들은 특히 국민의 호민관이라는 직함을 잊어버리지 않았다. 그들이 이 직책을 성스럽고 신성불가침의 영역이라고 여겼기 때문이다. 호민관이라는 직위는 국민을 변호하고 수호하기 위해 마련된 것으로, 가장 신임을 얻는 신분이었다. 로마 황제들은 스스로 호민관이 됨으로써 로마인들이 자신을 더 신뢰하리라 믿었다. 호민관이라는 관직의 원래 역할을 체감하려고 한 것은 아니다. 그 명칭을 듣는 것만으로 충분했다.

오늘날의 독재자들이라고 해서 옛날보다 나은 것은 전혀 없다. 그들은 철면피한 범죄를 앞두고 있으면서도 공공의 안녕과 질서에 대한 감언이설을 늘어놓으며 앞뒤가 너무 다른 위로의 말을 건넨다. 그대는 그들이 얼마나 자주 음흉한 방법으로 속삭이는지 잘 알고 있다. 게다가 그들 중 몇몇은 간교하다기보다 차라리 파렴치하다고 해야 할 정도다.

은밀하고 잔혹하게

아시리아 왕들과 그들의 후대인 메디아 왕들은 가능한 한 대중 앞에 모습을 드러내지 않았다. 국민들에게 자신이 인간 이상의 존재로 비치기를 바랐고, 절대로 눈으로 볼 수 없는 ▒ ▒ ▒▒▒▒▒ ▒ ▒▒▒ ▒▒▒▒ ▒▒▒ ▒▒▒▒ ▒▒▒▒▒ ▒▒▒▒▒ 였다. 이렇게 신비에 둘러싸인 왕들이 오랫동안 통치한 국가는 왕에게 복종하는 데 익숙했고, 그들이 섬기는 주인이 누구인지 모르거나 심지어 정말 존재하는지도 모른 채 고개를 조아렸다. 그 결과 직접 눈으로 보지도 못한 왕을 두려워하면서 살기도 했다.

이집트의 초대 왕들은 어느 날은 나뭇가지로, 또 어느 날은 불로 머리 부분을 가리고 나타났다. 그렇게 하지 않고는 대중 앞에 절대로 모습을 드러내지 않았다. 그들은 위장하거나 광대로 변장하기도 했다. 이런 기묘한 모습을 보여줌으로써 국민들에게 자신을 존경과 경탄의 대상으로 여기게 했다. 국민들이 어리석거나 무조건적인 복종에 길들지 않았더라면 이런 왕의 모습은 당연히 조롱거리나 비웃음거리가 되었을 것이다. 과거에 독재자들이 자신의 압제 정치를 견고하게 하려고 저지른 일에 대한 증언들을 듣고 있노라면 비통하다.

그들이 자신의 목적을 위해 마음대로 움직여 줄 무지한 군중을 찾으려 사용한 방법은 너무나 소소하기 짝이 없었다. 함정 하나를 파서 누군가 빠지러 오기만 기대했을 뿐이다. 그들에게 군중을 속이는 것보다 쉬운 일은 없었고, 군중은 조롱하면 할수록 주인을 더 잘 섬겼다.

믿기 힘든 일이지만, 고대 시민들이 말도 안 되는 덫에 걸려들었던 것은 사실이다. 여기에 무슨 말을 덧붙일 수 있겠는가. 에페이로스의 왕 피로스의 발가락이 기적을 행하고 비장에 생긴 병을 치료한다고 했을 때 민중은 조금도 의심하지 않았다. 오히려 왕의 시신을 화장할 때 그의 발가락이 잿더미 속에 그대로 남아 있더라는 둥 이야기를 부풀리고 꾸몄다. 이처럼 민중은 어리석게도 항상 스스로 거짓말을 만들어냈고 심지어 이해할 수 없는 두터운 믿음을 가졌다. 작가들이 이런 거짓된 소문으로 글을 써 왔다. 작가들이 거리나 광장에서 글 감을 수집했다는 것은 쉽게 짐작할 수 있을 것이다.

베스파시아누스는 로마제국을 점령하기 위해 아시리아에 서 출발해 알렉산드리아를 지나 로마로 왔다. 이 과정에도 실로 경이로운 이야기들이 생성되었다. 그가 절름발이들을 일으켜 세웠고 눈먼 사람의 눈을 뜨게 했다는 것이다. 나로서는 결코 믿을 수 없는 일들이다. 그런 이야기를 믿는 사람들은 솔직히 절름발이나 눈먼 사람을 치료할 수 있다고 우기는 이들보다 더 눈이 먼 멍청이다.

▪▪▪▪▪▪▪▪▪▪▪▪▪▪▪▪▪▪▪▪▪▪▪▪▪▪▪ 했을 때 이상하게 생각했을 것이다. 독재자는 종교라는 외투로 몸을 쉽게 숨길 수 있었고, 가끔은 자신이 저지른 사악한 행동들을 권위로 뒤덮기 위해 너무 우스꽝스러울 정도로 신성함을 부여하기도 했다. 그리스신화 속 살모네의 왕 살모네우스는 제우스처럼 천둥번개를 일으켜 그것을 본 이들이 자신을 제우스로 믿게 하고 싶었다. 결국 이런 뻔뻔한 신성모독 행위로 인해 지옥 저 끝에서 벌을 받았다. 다음은 시인 베르길리우스가 전하는 살모네우스의 모습이다.

거기, 알로에우스의 아들들의 거대한 육체가 있다.

그들의 기괴한 머리가 공중을 헤치고 나가면서

감히 신들의 거처를 망가뜨리고

영원한 왕좌로부터 하늘의 왕을 내쫓았다.

거기에서, 나는 이 신들과 경쟁하면서 신성을 모독하는 자를

보았다.

신의 특권인 벼락을 빼앗은 자다.

민중이 그에게 아부하는 죄를 짓게 하려고

용감한 군마 네 마리에게 변변치 않은 마차를 이끌게 하자.

말굽 소리가 크게 울리고 그의 손에 들린 횃불이 불타올라

엘리드 성은 두려움으로 떨었다.

스스로 하늘을 다스리는 왕이라 일컫는 이 몰상식한 자여,

너는 흉내낼 수 없는 신의 벼락을

수레가 굴러가는 소리와 말이 달리는 소리로 모방하려 했다!

하지만 제우스가 진짜 벼락을 내리쳤고

불이 회오리바람을 일으켜

마차와 군마, 벼락과 신을 뒤엎었다.

그의 승리는 짧았고, 그의 고통은 영원하다.

오만한 바보에 불과했던 자가 지옥으로 떨어지는 결말을 맞이했다. 비루한 이들이 죄를 짓기 위해 종교를 남용했다면 그들의 행위에 따른 처벌도 지옥에서 이루어져야 할 것이다.

우리 프랑스의 독재자들도 두꺼비, 백합, 유리병, 프랑스 국왕기처럼 나로서는 무엇인지 전혀 알 수 없는 씨앗들을 프랑스에 뿌려놓았다. 어떻게 되었든 이 모든 것이 허튼소리일 뿐이라고 치부하고 싶지는 않다. 우리의 선조들은 그것들을 믿었고, 후손인 우리에게는 그것들을 의심할 기회조차 없었기 때문이다.

비록 읽어 두 에비시에들 집에르오 씨는 시간 씨프고 기계 중에는 정말 용맹했던 왕들도 몇몇 있었다. 아마도 자연이 그들을 다른 사람들과 다르게 만들고, 신이 그들이 태어나기도 전에 선택해서 이 왕국의 통치와 수호를 위임하려 했으리라.

이렇게 이례적인 경우가 없었다고 하더라도 우리 역사의 진실을 도마 위에 올려놓고 논쟁하고 싶지 않다. 이 아름다운 예외들에서 흠을 찾아내려고 지나치게 들여다보며 조사하고 싶지도 않다. 프랑스 시는 프랑스 시인 롱사르, 바이프, 뒤 벨레를 거치며 발전했을 뿐만 아니라 완전히 새로운 것이 되었다.

시를 쓰는 일에 종사하는 작가들에게는 이런 소재가 하나의 무기가 될 수 있으며, 이를 통해 프랑스어가 엄청난 발전을 이루어 왔다. 재산을 물려받는 장자상속권이 아니고는 그리스어와 라틴어를 부러워할 일은 없기를 감히 바란다. 물론 내가 우리의 운문에 커다란 잘못을 저지르는 것일 수도 있다. 어떤 사람들은 시를 순전히 기계적으로 만들어내지만, 품격을 높이고 최고의 영예를 줄 수 있는 시인도 꽤 많이 보았기 때문이다.

클로비스 왕의 아름다운 이야기들을 강제로 뺀다면 그것은 정말 큰 잘못이다. 내가 보기에 서사시 〈라 프랑시아드〉에서 롱사르는 이야기를 능수능란하고 매력이 넘치는 솜씨로 재치 있게 풀었다. 나는 그의 능력을 간파했으며, 그의 명민한 정신과 은혜롭기까지 한 글솜씨를 잘 안다. 롱사르는 프랑스 국왕기를 흔들며 그가 해야 할 일을 수행할 것이다.

로마인들은 베르길리우스가 말하는 '하늘에서부터 내던져진 방패'로 이야기를 만들어냈고, 아테네 사람들도 에리크토니오스의 바구니로부터 이야기를 만들어냈다. 우리 프랑스인들도 그들의 이야기만큼 대관식의 성유병에서 꺼낼 수 있을 것이다. 그리고 미네르바 탑 안에서 우리 가문을 이야기할 수도 있을 것이다. 그러므로 내가 우리의 신화적인 서적들을 거짓이라고 한다거나 시인들의 입지를 좁히려 하는 것은 무모한 일이다.

이제 우리의 주제로 돌아가자. 독재자가 자신의 권력을 공고히 하기 위해 국민들이 그에게 충성하고 복종할 뿐만 아니라 종교적으로 숭배하도록 애썼다는 것은 확실하다. 독재자가 국민을 노예로 삼기 위해 사용한 모든 방법은 국민들 중에서도 무지하고 야만스러운 부류에만 통했을 것이다.

독재자 곁의 독재자들

⠿
 ⠄

  지금부터는 지배의 비결이자 원동력이 되고 폭정이 기반이 되어 지탱하게 하는 한 가지를 말하려 한다.

  근위병이 마늘창을 들고, 높은 곳에 올라 국민들을 감시함 ▭▭▭ ▬▬▬▬▬ ▭▭▭▭▭ ▭ ▭▭▭ ▭▭▭▭▭ ▭ ▭▭ 이다. 그들은 그런 수단을 신뢰한다기보다 형식적인 이유와 협박을 목적으로 사용하는 것이다. 활을 든 경비병들은 누군가를 해칠 위험이 전혀 없는 자, 즉 별로 위협적이지도 않은 자들이 궁궐로 들어가는 것을 막는다. 그런데 완전무장을 하고 대담하게 공격을 시도할 수 있는 이들은 막지 못한다. 로마 황제들이 경비병의 도움으로 위험에서 벗어난 적이 많지 않았으리라는 점은 어렵지 않게 짐작할 수 있다. 경비병에게 죽임을 당한 황제가 더 많을 것이다.

  독재자를 보호한 것은 말을 탄 기병 무리도 아니며, 보병

부대나 무기도 아니다. 항상 네다섯 명이 나서서 독재자를 지지했고, 바로 그들이 그 독재자에게 복종하도록 온 나라를 강요했다. 쉽게 수긍이 되지 않겠지만, 너무나도 확실한 사실이다.

언제나 대여섯 명이 독재자의 신임을 받았다. 그리고 그들이 스스로 먼저 독재자에게 다가가거나 부름을 받아 그의 잔인함에 공모하고, 그의 환희에 동조했으며, 그의 지저분한 쾌락에 호의를 보였을 뿐만 아니라 그의 강탈을 함께 나누었다. 이들이 자신의 우두머리를 너무 잘 조련하는 바람에 그 우두머리는 자신의 간악함에 그들의 간악함까지 더해져서 더욱 냉혹해진다.

그들 아래로는 그들이 길들인 육백 명이 있다. 대여섯 명이 독재자를 망가뜨린 것처럼 그 육백 명은 그들을 썩게 한다. 이 육백 명에게는 '품위 있게' 양육한 육천 명이 종속되어 있는데, 그들은 지방정부나 국가재정을 맡아 관리한다. 독재자는 그들의 인색함과 잔인함을 부추겨 권력을 유지한다. 그는 필요할 때마다 종속된 이들의 특성을 이용한다. 게다가 너무나 많은 악행을 저지르도록 유도하는데, 이들의 죄는 독재자가 보호해줄 때 말고는 지속될 수 없고 법과 형벌 앞에서 절대로 자유로울 수도 없을 정도였다.

육천 명 뒤로도 사람들이 끝도 없이 이어진다. 뒤를 좇는 이들은 육천 명이 아니라 십만 명에서 수백만 명이다. 그들은 이런 경로를 따라 독재자에게 예속되며, 자기들끼리는 절대로 끊어지지 않는 사슬처럼 엮인 채 독재자에게까지 거슬러 올라가며 이어진다. 호메로스가 작품 속에서 제우스가 사슬을 당겨 모든 신을 자신에게로 끌어왔다고 뽐냈던 것처럼 말이다.

오로 성장했다. 국가의 새로운 기능을 제정하고 직책을 선출했던 것도 잘 생각해보면 사법권을 재정비하려던 것이 아니라 폭정을 뒷받침할 새로운 지지가 필요해서였다. 결국 독재자 편에 서서 이득을 얻고 그 이득에 따른 몫을 챙김으로써 폭정이 이로운 것으로 생각하는 이들이 많아졌다. 심지어 자유가 쓸모 있는 것으로 생각하는 사람보다 많았다.

의사들의 말에 따르면 우리의 몸이 상한 것처럼 보이지 않아도 어느 한 군데라도 종양이 나타났다 하면 온몸의 기운이 모두 이 문제의 부위로 쏠린다고 한다. 마찬가지로 한 명의 왕이 자신을 독재자라고 선언하는 순간, 왕국의 모든 악한 자들은 서둘러 전리품 중에서 자기 몫을 챙기고 위대한 그의 통치 아래에서 소(小) 독재자가 되기 위해 그를 지지한다. 그들을 미숙한 사기꾼이나 명성을 잃은 미천한 자들의 무리라고 부르지는 않겠다. 그들이 나라에 해가 되거나 도움이 되지도 않지만 뜨거운 야망과 탐욕에 사로잡혀 독재자를 중심으로 결속한다.

그들은 대도(大盜)이며 지독한 해적이다. 어떤 이들은 나라를 발견하고, 또 어떤 이들은 여행자들을 집요하게 뒤쫓는다. 그리고 어떤 이들은 매복하고, 또 어떤 이들은 망을 본다. 어떤 이들은 살육을 저지르고, 또 다른 이들은 약탈한다. 그들 사이에는 서열이 있어서 우위에 있는 자들이 있다. 어떤 이들은 추종자에 불과하고 또 다른 이들은 무리의 우두머리일 뿐이지만, 대단한 약탈품이 아니더라도 적어도 주머니에서 나온 소산물로 한몫 챙기지 않은 사람이 없다.

킬리키아의 해적들은 몰려들 때 인원이 너무 많아 그들과 맞서려면 위대한 폼페이를 보내야 할 정도였다. 심지어 그들은 항구에 있는 아름답고 큰 도시들과 동맹을 맺고, 해적으로서 용무를 마치면 그 도시들로 돌아와 숨겨두었던 약탈물의 일부를 주면서 안전을 보장받으며 머무를 수 있었다.

독재자는 이런 식으로 국민들을 한 명 한 명 노예로 만들었다. 조심해야 할 사람이더라도 이용할 가치가 있다면 그들의 보호를 받는다. 그런데 흔히 나무를 쪼개려면 나무로 만든 쐐기를 사용한다는 말이 있다. 그 쐐기가 독재자의 궁수이고, 경비병이고, 미늘창을 든 병사다. 독재자의 압제 때문에 주로 고통스러워하는 것은 이들이 아니다. 오히려 신과 인간으로부터 미움받고 버림받기 때문에 앓는 것이다. 그들에게 악을 행한 자에게 악을 되돌려주려고 견디는 것이 아니다. 그들처럼 악을 감내하는 것 말고는 아무것도 할 수 없는 사람들에게 악을 행하기 위해 참을 뿐이다.

이렇게 독재자의 폭정과 국민의 복종을 동시에 이용하려고 독재자에게 비굴하게 아첨하는 자들을 생각하면 그들의 어리석음과 냉혹함에 놀라지 않을 수가 없다. 사실 독재자에게 다가가는 것은 자유로부터 멀어진다는 뜻이고, 복종을 두 손으로 꼭 쥐고 끌어안으려는 것 아니겠는가.

그들의 야망을 잠시라도 미룰 수 있다면, 비천한 탐욕에서 조금 벗어날 수 있다면, 서로를 바라보고 그들 자신을 돌아볼 수 있다면 분명하게 깨달을 것이다. 그들이 짓밟고 죄수나 노예처럼 대하는 사람들, 농부들, 그토록 학대당했던 바로 그들이 자신보다 더 행복하고 더 자유롭다는 것을. 농부와 장인들은 어느 정도만 복종하면 오히려 완전한 굴복의 상태에서 벗어날 수는 있다.

독재자를 둘러싸고 있는 이들은 경우가 다르다. 독재자는 그를 둘러싸고 있는 사람들이 그의 신임을 얻기 위해 아첨하고 구걸한다는 것을 알고 있다. 그들은 독재자가 명령하는 것뿐만 아니라 독재자가 무엇을 원하는지 생각해야 하며, 심지어 그를 만족시키기 위해 그가 어떤 욕망을 품고 있는지 꿰뚫어 봐야 한다.

독재자에게 순종하는 것이 전부가 아니다. 그의 비위를 맞춰야 한다. 그들은 서로를 끊어내고 괴롭혀야 한다. 그리고 독재자의 일을 처리하기 위해 서로를 죽여야 한다. 그들은 독재자가 즐거워하는 것만 즐길 뿐이며, 그들의 취향도 그의 취향에 맞춰야 하기 때문에 기질마저도 억압하고 본래 타고난 본성을 버려야 한다. 독재자가 무슨 말을 하는지, 어떤 목소리로 말하는지, 시선과 몸짓은 어떤 의미를 담고 있는지 평소에도 계속 주의를 기울여야 한다. 그들의 눈과 발, 손은 독재자의 모든 움직임을 좇아 모방하기 바쁘고, 그의 의지를 살피며 짐작하고 그의 은밀한 생각을 알아내느라 분주하다.

이렇게 사는 것이 행복할까? 이것이 삶이라고 할 수 있을까? 이런 삶보다 더 끔찍한 삶이 세상 그 어디에 있을까? 좋은 가문에서 태어난 사람에게 말하는 것이 아니다. 오로지 평범한 상식을 지녔거나 조금이라도 인간의 모습을 한 사람에게 말하고 있다. 자기가 소유한 것은 아무것도 없이, 독재자의 인생이 아닌, 이 누구까 인생을 온통 해 버리기는 것이다 더 비참한 상태가 도대체 어디에 있단 말인가.

그는 사랑하거나 사랑받지 않는다

독재자에게 모여든 이들은 한편으로 재산을 축적하기 위해 복종한다. 하지만 그 어떤 것도 자기 것이라고 말할 수 없으니 소유할 수 있는 것은 아무것도 없다. 어떤 사람은 독재자

가질 수 있다고 생각한다. 그런데 그들이 잊고 있는 것이 있다. 그 독재자가 모두에게서 모든 것을 빼앗고, 그 누구도 그 어떤 것에 소유를 주장할 수 없게 하는 힘, 바로 그 힘을 준 사람이 그들 자신이었다는 사실이다.

그들은 사람들이 독재자의 잔인함에 의존하는 것이 재산 때문이라는 것도 잘 알고 있다. 또한 독재자에게는 사람들이 자유롭게 재산을 가진다는 것이 죽어 마땅한 범죄나 다름없다는 사실도 안다. 독재자는 부유함만 좋아하며, 다른 누구보다 부자들을 먼저 공격한다는 것도 알고 있다. 그런데도 부

자들은 배부르게 먹고 정육점 주인 앞에 선 양들과 같은 모습을 독재자에게 보인다. 이런 모습은 독재자의 탐욕을 자극하는 것으로 보인다.

이렇게 독재자의 총애를 받는 자들은 독재자 곁에서 많은 재산을 축적한 이들을 떠올릴 것이 아니라 얼마간 풍족함을 만끽하다가 곧 돈도 목숨도 모두 잃어버린 사람들을 떠올려야 한다. 독재자 밑에서 얼마나 많은 사람이 부를 얻었는지 생각하지 말고, 그 부를 지켜낸 사람이 거의 없다는 사실을 잊지 말아야 한다.

지나간 역사를 모두 살펴보고 우리 기억 속에 있는 모든 역사를 검토해야 한다. 얼마나 많은 사람이 비열한 방법으로 왕의 곁에 바짝 달라붙어 그의 악한 습성에 아첨하고 부추겼는지 알아봐야 한다. 국민들이 가진 것을 빼앗으려는 왕이 욕망이 컸던 만큼 국민들은 재산을 지켜내기가 결코 쉽지 않았다. 결국 그들은 그렇게 아부하던 자들에게 결국 으스러지고 말았다.

악한 왕 곁에 있던 수많은 사람 중에 독재자의 잔인함을 겪지 않은 사람은 없었다. 예전에는 그들이 왕을 부추겨 다른 사람들이 당하게 했던 그 악랄함을 그들도 피할 수 없었다.

독재자의 그늘 아래에서 다른 사람의 것을 빼앗아 부를 쌓은 그들이 이제는 거꾸로 강탈당하고 또 다른 사람을 부자로 만들어주었다.

선한 사람들도 독재자에게 사랑받는 경우가 아주 가끔 있다. 하지만 그들이 아무리 독재자의 가장 가까이에서 은총을 입는다고 해도, 악한 자들조차 그들을 가까이에서 지켜보면 미덕과 청렴으로 빛이 발해 어느 정도 존경심이 생긴다고 해도, 이런 선한 사람들은 독재자 곁에서 견뎌낼 재간이 없을 것이다. 그들 바로 앞에서 악행을 저질러서 그런 욕망에 빠고, 자신을 희생해서 폭정이 무엇인지 깨달을 수밖에 없다.

세네카, 부르스, 그리고 트라세아스가 그런 예다. 훌륭한 인격을 갖춘 이 세 사람 중 세네카와 부르스는 독재자와 가까워지는 불행을 겪었다. 독재자는 그의 일을 맡길 정도로 그 두 사람을 인정하고 아꼈다. 그리고 나머지 한 명 트라세아스는 어린 시절의 정성스러운 돌봄을 받았던 탓에 우정의 굴레에 갇혀 그 독재자를 교육한 당사자다. 그런데 이 세 사람도 잔인하게 죽임을 당했다. 악독한 통치자의 신뢰는 전혀 보장되지 않는다는 충분한 사례가 된다.

왕국이 온 힘을 다해 복종만 한다고 해도 우두머리의 가슴은 너무 냉혹해서 그런 왕국을 증오할 뿐이다. 그런 자에게 무슨 우정을 기대한다는 말인가. 그는 사랑하는 법을 알지 못하며, 스스로 빈약해지고 자신의 왕국을 파괴하는 존재이지 않은가.

세네카와 브루스, 트라세아스가 성품이 너무 선해서 이런 불행을 경험했다고 말하고 싶다면 네로 주위를 조금만 살펴보면 된다. 그의 곁에서 총애를 받으며 그 자리를 보전하던 교활한 이들 역시 모두가 비참한 최후를 맞이했기 때문이다. 포파이아를 향한 네로의 사랑만큼 한 여성에게 집요하게 집착했던 남자를 본 적이 있는가? 그토록 광적인 사랑과 질긴 애정에 관한 이야기를 다른 어느 곳에서 들어볼 수 있겠는가? 하지만 포파이아는 네로에게 독살당하지 않았는가.

네로의 어머니인 아그리피나는 아들을 왕위에 앉히기 위해 남편 클라우디우스를 살해하지 않았던가. 그녀는 아들을 위해 이 모든 일을 도모하고 서슴없이 온갖 범죄를 저지르지 않았던가. 그런데 그녀가 젖을 먹여 키운 아들은, 그녀가 손수 황제로 키운 그 아들은 자신의 어머니를 저버리고 생명을 앗

아갔다. 그 누구도 그녀가 이런 형벌을 당해도 마땅하다는 데 부인하지 않았다. 어쩌면 그녀가 아들이 아닌 다른 사람에게 죽임을 당했다면 박수갈채를 받았을지 모른다.

황제 클라우디우스보다 다루기 쉽고 단순한, 더 정확하게 말하자면 그보다 더 바보 같은 사람이 또 어디에 있겠는가. 메살리나에 빠진 클라우디우스보다 더 뜨겁게 한 여자를 사랑한 사람이 또 어디에 있겠는가. 그런데도 클라우디우스는 메살리나를 사형집행인의 손에 넘겼다. 어리석은 독재자들은 선을 행해야 할 때도 여전히 멍청하다.

하지만 교활한 이들은 마음 깊은 곳에 사악함을 감추어야 할 때는 정신이 깨어난다. 그들과 가깝게 지내던 사람들에게도 마찬가지였다. 클라우디우스는 메살리나가 없으면 살아갈 수 없을 것 같았다. 그녀를 그토록 사랑한 그가 아내의 드러난 목을 보면서 한 잔혹한 말은 잘 알려져 있다.

"내가 명령만 내리면 이 아름다운 목도 곧 잘릴 수 있지."

그는 이렇게나 아름다운 말로 아내를 칭찬했다.

바로 이것이 과거 독재자들 대부분이 측근에게 목숨을 잃은 이유다. 그 측근들은 폭정의 본질을 알았기 때문에 독재자의 마음이 언제 어떻게 변할지 결코 안심할 수 없었고, 계속 그의 권력을 경계할 수밖에 없었다. 도미티아누스 황제가 스테파누스에게, 콤모두스 황제가 그의 첩들 중 한 명에게, 카라칼라 황제가 마크리누스 때문에 자극받은 마리누스에게 암살당했듯이 거의 모든 독재자가 이런 식으로 비참한 최후를 맞았다. 독재자는 사랑을 하거나 사랑을 받지도 않는다는 것은 분명하다.

함께 배우고 행동하라

    •
    •

  우정은 숭고한 이름이자 성스러운 것이다. 우정은 선한 사람들 사이에서만 존재하며, 상호 간의 존중에서 비롯된다. 그리고 친절이 아니라 선한 삶과 품행으로 유지된다. 다른 사람을 안전한 친구로 만드는 것은 그의 본래 성내를 쓰는 것이다. 선한 본성, 믿음, 의연함으로 우정을 보증한다.

  잔인함, 배신행위, 불공정성이 있는 곳에는 우정이 존재할 수 없다. 악한 이들끼리 모이면 사귐은 없고 역모만 꾸민다. 그들은 서로를 지탱하는 사이가 아니라 서로를 두려워한다. 그들은 친구가 아니라 공모자들이다.

  설사 이런 방해가 없다고 해도 독재자에게서 금석지교를 발견하기는 어렵다. 모두의 위에 그가 있고, 그와 동등한 사람은 아무도 없기 때문이다. 그는 이미 우정의 경계를 벗어나 있다. 우정은 완벽한 공정함 안에만 자리하며, 그 걸음은 항상 평등하고 아무도 절뚝거리지 않는다.

　이런 이유로 도둑들이 훔친 물건을 나눌 때도 일종의 선의가 존재한다. 그들은 모두 대등한 위치에 있는 동료이기 때문이다. 그들은 서로를 사랑하지 않지만, 적어도 서로를 두려워한다. 사이가 나빠져 그들의 힘이 약해지는 것을 바라지 않는다.

　그런데 독재자의 총애를 받는 사람들은 그의 압제를 결코 피할 수 없다. 그들은 독재자가 모든 것을 할 수 있고, 그를 강제할 법이나 의무도 없음을 깨우쳤기 때문이다. 그는 당연히 자신의 의지가 이성이라고 생각한다. 그와 동등한 사람은 아무도 없으며, 그는 모두의 주인이다.

　이렇게 분명한 예들과 실질적인 위험이 있는데도 수많은 사람이 이런 슬픈 경험을 본보기로 삼지 않으려 하고 자진해서 독재자에게 다가간다니 너무 한심하지 않은가. 꾀병을 부리는 사자에게 여우가 말하는 것처럼 대담하고 용기 있는 사람이 단 한 명도 없다는 것이 참으로 비통하다.

　"너를 보러 기꺼이 너의 소굴로 갈게. 그런데 네가 있는 곳으로 가는 동물들의 흔적은 많이 보았는데 거기에서 나오는 동물은 단 한 마리도 보지 못했어."

이 불쌍한 자들은 독재자의 빛나는 보물들을 본다. 그들은 완전히 얼빠진 얼굴로 독재자의 번쩍이는 화려함에 감탄한다. 그 광채에 홀린 채 끝내는 뜯어먹히리라는 것도 모르고, 그곳이 불꽃이라는 것도 모른 채 그에게 다가간다.

이런 모습을 또 우화에서 볼 수 있다. 조심성 없는 사티로스는 현명한 프로메테우스가 넋이 나간 얼굴로 붉게 타오르는 불꽃을 바라보고 있는 모습을 발견했다. 사티로스는 불이 너무 아름답다는 생각에 그만 입맞춤을 하려고 달려들다 불에 타고 말았다. 마냥 즐겁게 놀고 싶은 나비도 불이 타오르던 말처럼 곧 모든 것을 태울 수 있는 불의 위력을 경험한다.

그런데 맹목적인 자들이 복종 대상의 손아귀에서 벗어났다고 가정해보자. 그들은 뒤이어 권력을 잡은 자의 손에서도 결코 자신을 구할 수 없다. 새로운 우두머리가 선한 사람이라면 도리에 맞게 보고하고 복종해야 한다. 그가 예전 왕처럼 악하다면 그도 편애하는 무리가 있을 것이 뻔하다. 일반적으로 그런 무리는 다른 사람들의 자리를 빼앗는 것에 만족하지 않고 재산과 목숨까지 강탈한다.

큰 위험이 도사리고 있고, 어차피 보장된 자리도 아닌데 왜 그렇게 힘들고 불행한 자리를 꿰차려 하고 그토록 위험부담을 안고 고약한 주인을 섬기려 할까? 위대한 신이시여, 이 얼마나 큰 고통이며 힘겨운 수난이란 말인가. 한 사람의 마음에 들기 위해 밤낮을 가리지 않고 바쁘면서도 세상의 그 누구보다 더 그를 불신한다.

어디에서 공격해올지 모르고 어디에 함정이 숨어 있을지 모르기 때문에, 경쟁자들의 음모를 밝혀내고 주인을 배신한 자를 고발해야 하기 때문에 항상 주위를 살피고 귀를 기울여야 한다. 누구에게나 웃으며 대하지만 항상 두려워한다. 확실한 적군도 없지만 믿을 만한 친구도 없다. 늘 웃는 얼굴이지만 마음은 위축되어 있다. 기뻐할 수도 없고 감히 슬퍼할 수도 없다.

이렇게 큰 고통을 겪는데도 그들에게 돌아오는 것이 무엇이며 그들이 이토록 괴로워하며 비참한 삶을 살면서 기대할 수 있는 것은 과연 무엇인가? 이를 생각해보는 것은 정말 중요하다.

일반적으로 국민이 악행을 겪을 때 고발하는 것은 독재자가 아니라 독재자를 조종하는 자들이다. 국민, 나라들, 농부들과 노동자들에 이르기까지 모두가 그들의 이름을 알고 있고 그들의 악행을 알아차리며, 그들에게 헤아릴 수 없는 모욕과 욕설, 저주를 마구 퍼붓는다. 모든 저주와 모든 소원은 그들을 향한다. 국민이라 불리는 자들은 모든 불행, 모든 질병, 모든 기근의 책임을 독재자의 가까이에 있는 자들에게 돌린다. 국민들이 겉으로는 그들에게 경의를 표해도 마음속으로는 그들을 증오하고 맹수보다 더 두려워한다.

국민들의 증오와 공포야말로 그들이 독재자 가까이에서 복종함으로써 획득할 수 있는 영광이고 명예다. 국민들은 그들 ┃┃ ┃┃┃┃┃┃ ┃┃┃ ┃┃┃┃ ┃┃┃┃┃ ┃┃┃┃ ┃┃┃ ┃┃┃┃ ┃┃┃┃ ┃┃ 할 것이다. 그들이 국민들이 겪은 고통의 반을 경험한다고 해도 위안이 되지 못할 것이다. 심지어 독재자가 더는 존재하지 않을 때도, 뒤이어 나타난 작가들은 국민들의 피를 빨아먹고 산 그들을 온갖 방식으로 비방하는 것을 잊지 않을 것이다. 그자들의 명성은 수많은 책에서 갈기갈기 찢길 것이다. 그들의 뼈조차 후손들에 의해 진흙 위에서 질질 끌릴 것이다. 아무 가치 없던 그들의 삶은 그들이 죽고 난 뒤에도 이런 식으로 형벌을 받을 것이다.

그러므로 배우자. 제대로 행동하는 법을 배우자. 하늘을 올려다보자. 우리의 명예를 위해, 미덕에 대한 사랑을 위해 우리가 했던 모든 행동의 증인이자 우리의 잘못에 대한 심판자인 전지전능한 신께 호소하자. 복종의 기억을 떨쳐버리자. 나는 내가 맞고, 틀리지 않다고 생각한다. 바르고 선한 신과 어긋나는 것은 폭정뿐이다. 아마도 신은 독재자와 그의 추종자들을 위해 지옥 깊숙한 곳에 무시무시한 징벌을 마련해두었을 것이다.

모든 독재는 복종에서 비롯한다

우리는 자유로우며 자유로워지고자 한다

이다의 이유